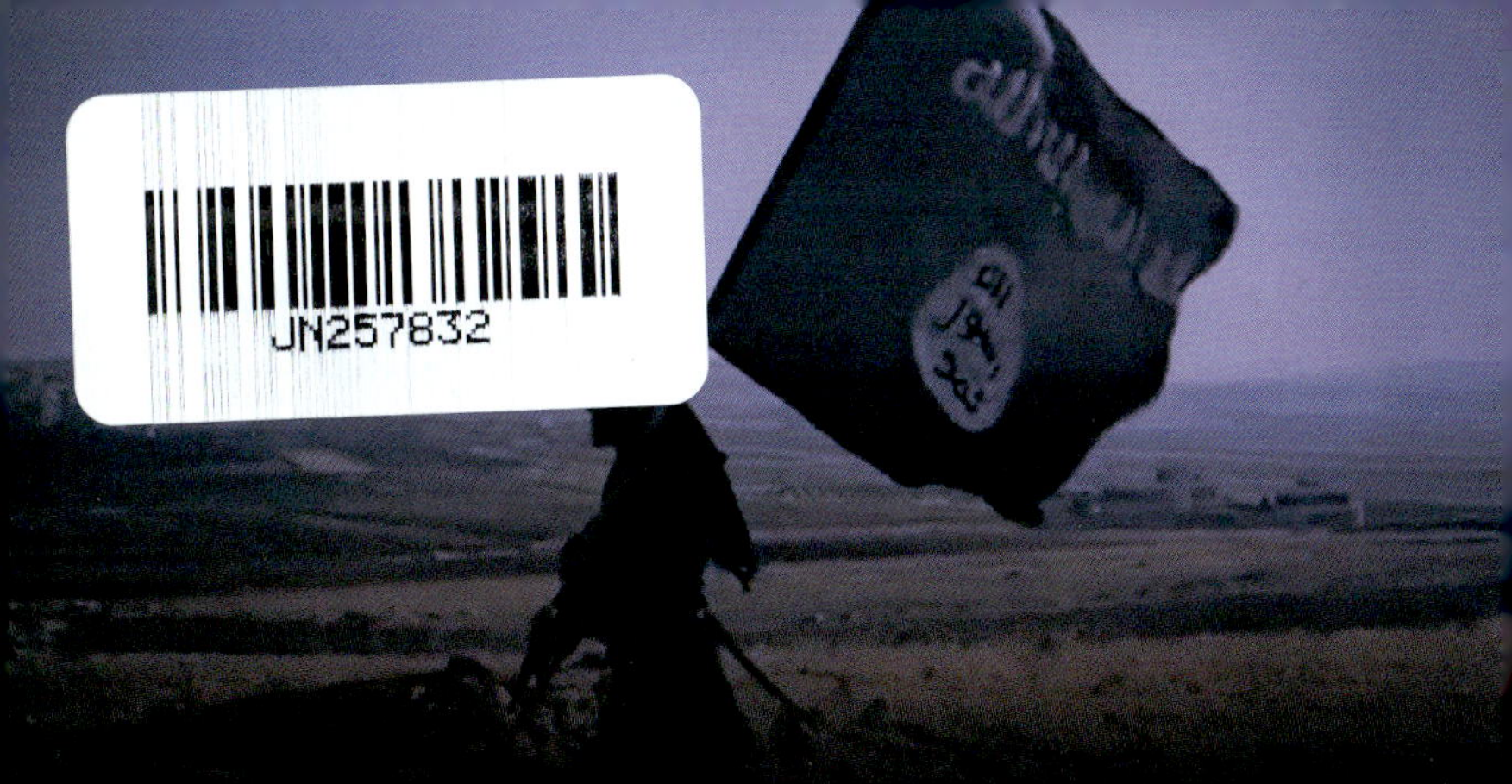

イスラム 敵の論理 味方の理由

これからどうなる73の問題

六辻彰二
Shoji Mutsuji

さくら舎

広がるイスラム社会

出典：Pew Research Center, 2012, Global Religious Landscape

中東周辺拡大図

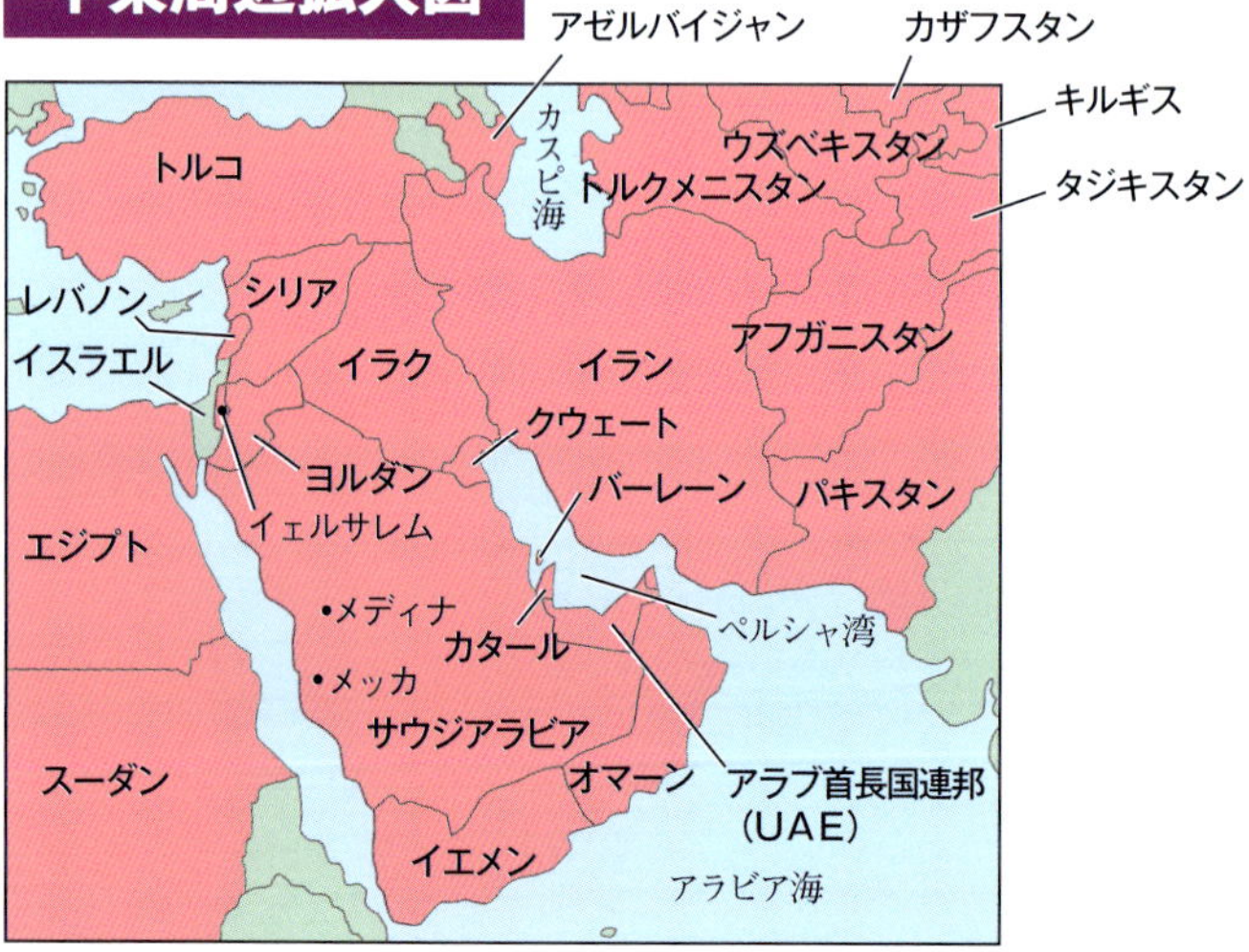

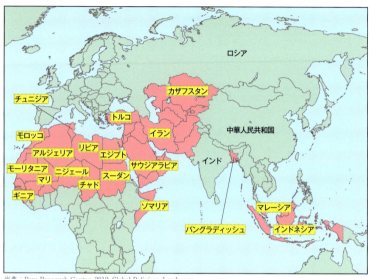

中東各国・組織の対立図

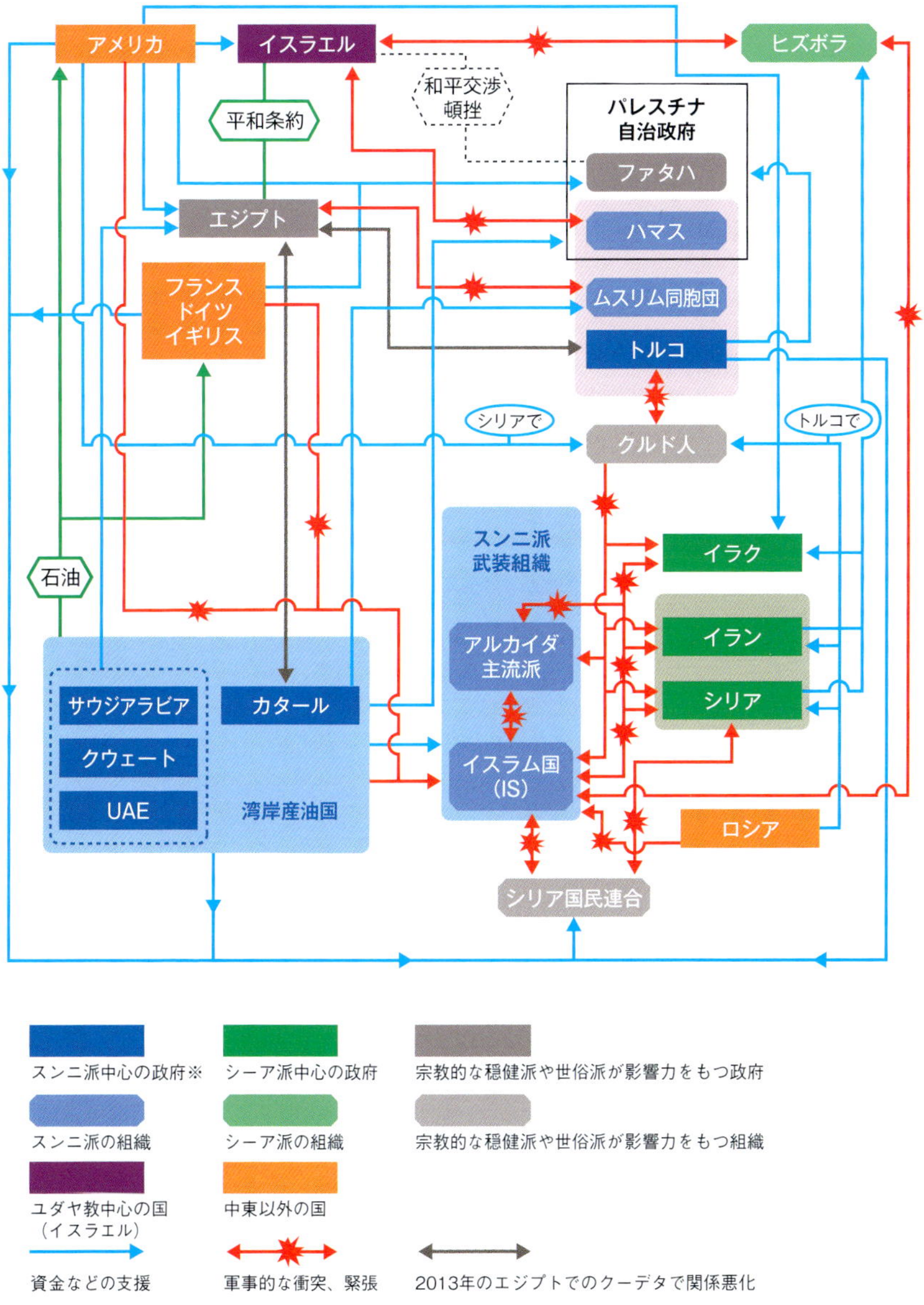

※トルコは世俗主義を国是とするが、現在の与党はムスリム同胞団系

（THE PAGEに記載されたものに加筆）

ムハンマドの系図

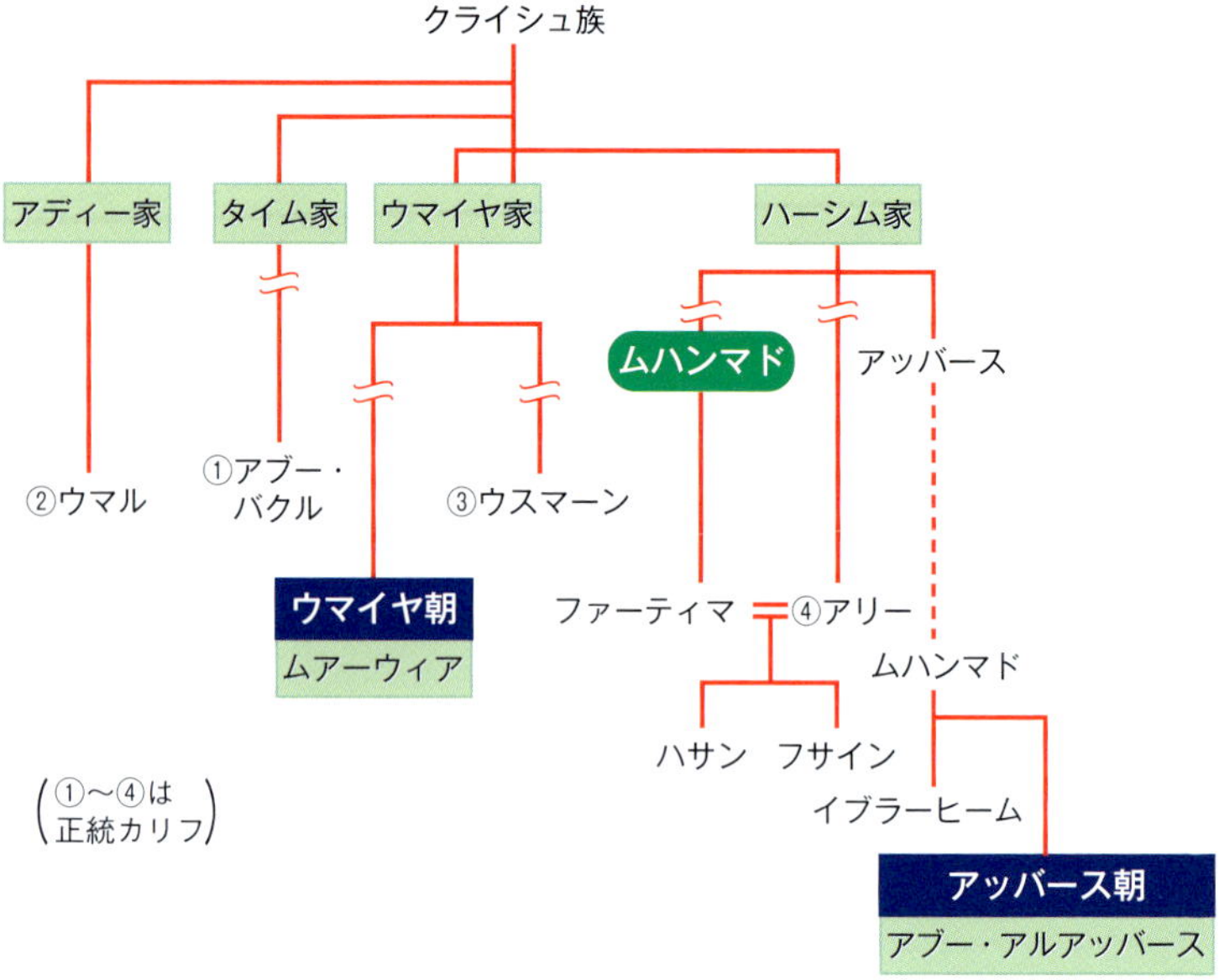

イスラムのおもな宗派

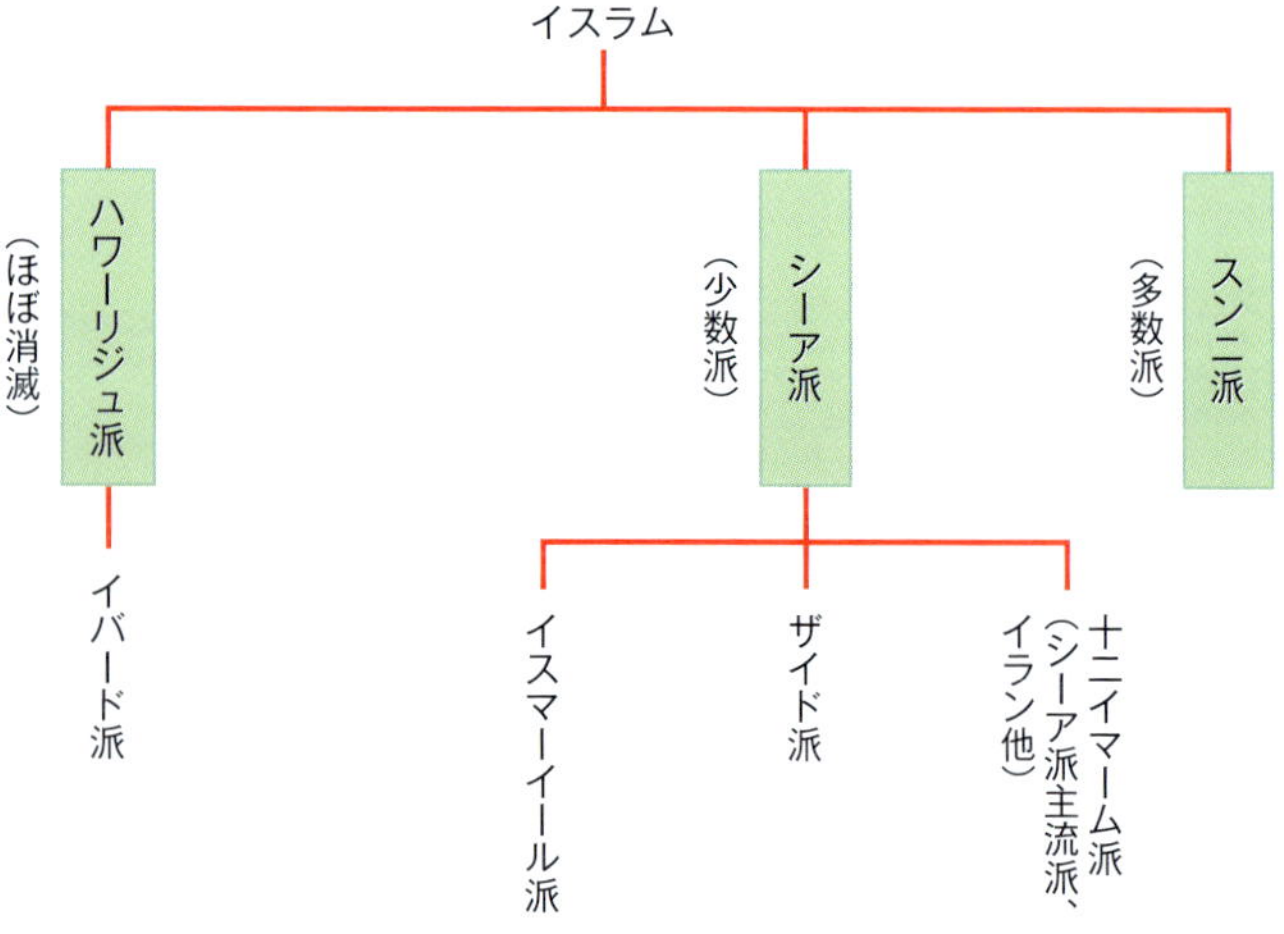

はじめに

日本からみて、イスラム世界は歴史的にも地理的にも縁遠い。そのため、多くの日本人にとってイスラムが関心の外にあっても不思議ではない。

しかし、イスラム世界の動向は日本にとって無縁ではない。リスク分散の必要がいわれながらも、日本の輸入原油の約８割はいまだ中東産である。海外在住者や観光客を中心に、日本人がイスラム過激派によるテロの犠牲《ぎせい》になることも増えている。２０１５年11月13日のパリ同時テロの無差別攻撃は、世界中に衝撃を与えた。

さらに、世界のムスリム人口は２０５０年には27億人にまで増加するとみられており、イスラム世界のグローバルな影響力は今後とも増えこそすれ、減ることは想定しにくい。

これらに鑑《かんが》みれば、イスラム世界を知る必要はますます高まっているといえる。

ところが、日本ではイスラム関連の報道が少ないうえ、欧米諸国からのバイアスも小さくない。その大きな要因には、ニュースメディアのほとんどが、イスラム関連に限らず、国際ニュースの配信を欧米諸国、なかでも米英圏のそれに依存していることがある。

つまり、日本におけるイスラム像は「欧米からみたイスラム像」に影響されやすいのである。

欧米諸国に限らず、どの国のメディアも、自国と対抗する者に都合の悪いことは熱心に伝えるが、自国に都合の悪いことはその限りでない点で、ほぼ共通する。少なくとも、イスラムと浅からぬ因縁《いんねん》をもつ欧米諸国からの情報のみでイスラム像を描くことは、偏《かたよ》ったものになりやすい。

そのうえ、スピード重視の現代では、日本のメディアでイスラム諸国を紹介する場合でも「親日」「反米」といった紋切《もんき》り型の表現ですませることが目立つ。これは視聴者や読者の興味関心に合わせたものかもしれないが、人間の社会において全面的な友好関係や敵対関係が稀《まれ》なことは、個々人の社会生活でも実感できるとおりである。

イスラムを取り巻く世界では、「味方」と思っていた者が「敵」と手を組んだり、「敵」が結果的に自分と同じ立場に立っていたりすることは稀ではない。

米国の国際政治学者イアン・ブレマーが「Gゼロ」と表現した、米国のリーダーシップが衰え世界をリードする絶対的な存在がなくなった現代、各国はこれまで以上に、世界における自らの立ち位置を考えざるをえなくなっている。周囲の環境に対する自らの視点をもつことは、そのために欠かせない。この観点から、今後ますます影響力を増すだろうイスラム世界に対する自前の認識を構築することは、これまでイスラムと縁遠かった日本人にとっても重要な課題になるといえよう。本書が、その一助になることを願う。

六辻彰二《むつじしょうじ》

目次◆イスラム　敵の論理　味方の理由――これからどうなる73の問題

はじめに　1

第1章　世界に押し広がるイスラム社会

1 イスラム社会はどこにあるのか　20
全世界で16億人、4人に1人はムスリム／礼拝をし、アラビア語を解し、豚肉を食べない人々／世界に広がるイスラム社会

2 中東、アジア、アフリカのイスラム社会は同じか　23
イスラム法中心の中東、部分的採用のアジア／公式に採用していない西アフリカ

3 なぜイスラムはアジア、アフリカにも広がったのか　26
ムハンマド時代はアラビア半島一帯だけ／半島外への遠征スタート／イスラム商人がアフリカ、アジアへ

4「イスラム人」はいるのか　29
イスラムは民族、文化を超える／三層構造のアイデンティティ／宗教であり、社会規範やルールでもある

5 民族と部族はどう違うか 32
民族は国家をつくる民のイメージ／部族は未開で野蛮というイメージ／「エスニシティ」というい方

6 民族間の対立はなぜ、どのように発生するのか 35
ムスリム同士でもあった人種差別／体制側の民族・部族が優遇される／多民族国家マレーシアの知恵

7 少数民族を抱える国のリスク 38
同化か抗議か／中東のクルド人問題／中国のウイグル人問題／スーダンではムスリムがキリスト教徒を迫害

8 イスラム復興とは何か 42
消えゆくものとみなされていたイスラム／1970年代半ばからのイスラム復興／イスラム主義と過激な武力行使

9 アジアやアフリカでイスラム復興は起こっているか 45
イスラムが土着化した「周辺部」地域／「正しいイスラム」をめざす動き

第2章　日本人にはわかりにくいイスラム教

10 イスラムの特徴とは？　50
誰でもムスリムになれる開放性／政治と宗教が不可分の関係／社会生活の規範となる
11 イスラムとユダヤ教、キリスト教は「同じ神」を信仰しているのか　53
ユダヤ教、キリスト教は不完全／「啓典の民」からの拒絶／イスラムこそが正統という教えに
12 イスラムの二大宗派「スンニ派」と「シーア派」　56
ムハンマドの「慣行」にならうスンニ派／イスラム法学者の解釈が重要／指導者崇拝の色が濃いシーア派
13 スンニ派とシーア派はなぜ対立するのか　59
ムハンマドの後継者をめぐる対立／擁立した後継者を殺害されたシーア派／多数派と少数派の反目
14 キリスト教のような宗教改革がイスラムにあったか　62
コーランはそのまま受け入れるべきもの／コーランに反したカリフを殺害した宗派／積極的に布教しない宗派
15 一神教だが「唯一の解釈」がないイスラム　65
カリフは教義の解釈をおこなわない／イスラム法学者によって教説に違いが生まれる／多くの人に同意される意見が正しい

16 コーランを解釈するとはどういうことか 68
イスラム法学者が神の意志と現実問題を橋渡し／ムスリムに音楽は許されるか？／レディー・ガガ公演は中止に
17 イスラムの教義をどのように政治や社会に反映させるのか 71
その政策はイスラム法に適うかを判断／既成事実にイスラム法のお墨付きも／高額商品のクイズ番組は是か非か／過激派予備軍を生む説法も
18 イスラム圏のさまざまな「国のかたち」 74
スンニ派の君主制国家／イスラム共和制と世俗の共和制／軍事政権も多い
19 厳格なイスラムの国1 サウジアラビア（スンニ派） 77
サウード家に支配される君主制国家／女性が自動車の運転を禁じられている唯一の国／G20にも参加するスンニ派の盟主
20 厳格なイスラムの国2 イラン（シーア派） 81
イスラム法学者が統治する国／ペルシャのイスラム化／イラン・ナショナリズムの動き／ホメイニのイスラム革命
21 世俗主義の国 トルコ 84
イスラム法が施行されていない国／オスマン帝国をつくったトルコ人／ケマル・アタテュルクの近代化と脱イスラム化／ムスリム同胞団とイスラム復興

22 **イスラムと世俗の中間の国　エジプト** 87
イスラムと近代化を融合させた体制／オスマン帝国からの自立をめざす／英国からの独立／ナセル、サダト、ムバラクの軍人大統領時代／「アラブの春」以後

23 **イスラムは女性を差別しているのか** 90
女性抑圧か、女性保護か／女子教育をめぐる対立

24 **イスラムは平和的な宗教か** 94
イスラムによる平和（パクス・イスラミカ）／布教や教義の争いが目立つ／異教徒との和平は実利的

25 **ISはなぜ独立を宣言したのか** 97
「イスラム国家の樹立」に集まる関心／「カリフ就任」でイスラム共同体イメージを再現／巧みな宣伝工作

26 **なぜイスラム過激派は黒旗を掲げるのか** 100
アッバース朝の「革命」の黒旗／タリバンが黒旗を復活させた

27 **イスラムは自由や民主主義を受け入れないのか** 103
「イスラムとは絶対にわかり合えない」という考え方／民主主義を拒絶しているわけではない／普遍主義を捨てて共通性を追求する

第3章　イスラムをめぐる生と死の戦いの歴史

28 国家とは何か　108
国家の三要素「主権、領土、国民」／主権国家の誕生／国民意識の醸成／国民を結びつける宗教

29 国はどうやってつくられるか　111
近代以降、植民地が独立して国ができた／人工的な国家、多民族の国民／不均衡な経済関係

30 現在のイスラム圏の国境線に意味があるのか　114
ナセルが提唱したアラブ民族主義／国境線を変えたくないアラブ諸国／「大産油国の国民」を捨てたくない人々

31 覚えておきたいイスラム史1　オスマン帝国　117
広大な版図／トルコ人の王朝から集権体制国家へ／第一次大戦後に崩壊

32 覚えておきたいイスラム史2　中東戦争　120
第一次：独立イスラエルを攻めるアラブ諸国／第二次：エジプトのスエズ運河国有化をめぐる戦い／第三次：軍事大国イスラエルの圧倒的勝利／第四次：石油危機とエジプトのシナイ半島奪還

33 パレスチナ問題とは何か　124

ユダヤ人の約束の地カナン／英国の三枚舌外交／国連決議をもとにイスラエル独立へ
34 イスラム社会にとって石油危機とは何だったのか　127
産油国にとっては収入増、不均衡改善の好機／資源ナショナリズムのハイライト／パレスチナ問題への外交的圧力／逆石油危機に学んだ産油国
35 産油国の政治経済の光と影　130
産油国は「所得税なき高度福祉国家」／インフレになりやすく、不安定な経済／政治体制を固定化し、国内対立の種になる
36 覚えておきたいイスラム史3　アフガン侵攻　134
英国から独立し社会主義国家へ／ソ連軍とムジャヒディンの戦い／ソ連撤退後もつづく内戦／タリバン出現で対テロ戦争の舞台へ
37 世界を二つに分けてとらえる見方　137
「イスラムの家」と「戦争の家」／つねに攻撃してきたわけではない／「イスラムの家」の防衛という大義
38 覚えておきたいイスラム史4　イラン・イラク戦争と湾岸戦争　140
イラク・バアス党とフセイン／イラン・イラク戦争でイスラム諸国の対立が表面化／クウェート侵攻に割れるイスラム圏／多国籍軍によるイラク掃討
39 覚えておきたいイスラム史5　9・11の衝撃　144

ビン・ラディンの反米ジハード宣言／欧米社会への反発から過激派へ傾倒／対テロ戦争に巻き込まれた世界

40 イスラムにとって「十字軍」とは何だったのか 147
政治的野心を宗教でくるんだもの／十字軍へのジハードに面従腹背／宗教的熱情ではなくスローガン

41 覚えておきたいイスラム史6　アラブの春 150
チュニジアから中東・北アフリカへ／反政府デモの原因と影響／民主化は広がらず

42 欧米諸国はイスラム圏の民主化を願っているか 153
欧米の民主化圧力の効果／民主化の理想と現実／ダブルスタンダードの民主化要求

第４章　現代イスラムの敵と味方

43 アメリカはいつからイスラムの敵になったのか 158
イスラエル建国を後押しした米国／外交方針はイスラエル支持／グローバル・スタンダード＝米国化

44 ロシアはイスラムの敵か 161
ロシア革命で取り込まれたイスラム圏／チェチェン紛争とプーチン／シーア派とは友好、ス

ンニ派とは反目

45 中国はイスラムの敵か 164

新疆ウイグル自治区となった東トルキスタン／穏健派も過激派もすべて弾圧／ウイグル・シンパのトルコが中国を非難

46 日本はイスラム過激派の敵か 167

ＩＳの日本人人質事件の衝撃／「味方以外は全員敵」の思考／日本人もイスラムテロの標的

47 ムスリム同士は「味方」なのか 170

パレスチナ人を味方とみなさないアラブ、イスラム諸国／厄介者扱いのＰＬＯ／パレスチナ問題に距離をおくイスラム社会

48 イスラム諸国政府は過激派を支援しているのか 173

ヒズボラを全面支援するイラン、シリア／アルカイダを部分支援するサウジアラビア／過激派と共依存関係のアルジェリア

49 イラクのフセイン大統領は人気があったのか 176

クウェート侵攻で提唱した「リンケージ論」／「アメリカに立ち向かう英雄」として支持される／反米デモを巻き起こしたイラク戦争

50 アサド大統領はシリアでどんな存在か 180

父親と同じ強権体制に回帰／「アラブの春」をきっかけに内戦へ／ＩＳへの攻撃がアサド政

権延命に
51 ISはどのように生まれたのか 183
2006年、「イラクのイスラム国」（ISI）登場／2013年、「イラク・レバントのイスラム国」（ISIL）に改称／2014年、「イスラム国」（IS）建国宣言
52 ISの登場はイスラム社会にどんなインパクトをもつのか 186
イスラム共同体という観念が崩れた現代／ISは「ゴルディアスの結び目」になるか
53 「失敗国家」とは何か 189
中央政府と公権力が機能しない国／ソマリアのなかの独立政権ソマリランド／イスラム圏内に増える失敗国家予備軍
54 なぜ21世紀にテロが増えたのか 192
イスラム復興と市場経済の広がり／情報伝達と武器流通の拡大／テロ活動を糾合する方針
55 グローバル反米ジハードという発明 196
かつては過激派の敵は自国政府だった／本国で孤立したため「敵地」で活動／「本部」アルカイダと各国の「子会社」組織
56 イスラム過激派はなぜ国境を超えて結びつくのか 199
国籍を超えた一体感が生まれる仕組み／「イスラム過激派」というネット上の部族
57 なぜISに人は集まるのか 202

欧米諸国から参加する若者たち／社会の不公正に対する解決策としてのＩＳ

58 テロリストが武器を手に入れるのを止められないのか 205
冷戦後、自由化された小型武器の流通生産／テロ組織は市場から武器を入手

59 「原理主義」と「過激派」はどう違うのか 208
現実的な世直しをめざす「イスラム主義」／不正を正そうとして現実否定に走る「過激派」

60 ボコ・ハラムはなぜ集団誘拐をするのか 211
「西洋の教育は罪」という組織名／人身売買や身代金が資金源

61 過激派による「浄化」はイスラム社会でどうとらえられているか 214
保守主義と反動思想／ピラミッドやスフィンクスを破壊せよ!?

62 イスラム主義は近代化を拒絶しているのか 217
「自分で自分の一生を選択できる」権利／イスラム主義の台頭は近代化の一つ／近代化がもたらす破壊と創造

63 イスラム社会で宗教は共存できるのか 220
イスラム帝国で信仰を保障されていた啓典の民／ムスリムと非ムスリムが共存するマレーシア／人口に比例して権力を分け合うレバノン

64 空爆でテロは抑え込めるのか 223
空爆が新たなテロを生む／充分な確認なしにいきなり攻撃する無人機／タリバン兵士12人と

民間人39人を殺害

第5章　これからのイスラムの結束と敵対

65 グローバル・ジハードは鎮静化するか、活発化するか　228
アルカイダからＩＳへの世代交代／追い詰められたアルカイダが反撃／本国に戻ったＩＳ戦闘員が活動
66 「周辺部」でイスラム過激派は台頭するか1　中央アジア　231
中央アジアの過激派はＩＳ不支持／政府の強固な支配体制と取り締まり／経済不安が過激思想を普及させる
67 「周辺部」でイスラム過激派は台頭するか2　東南アジア　234
テロの発生件数の多い国フィリピンとタイ／イスラム系少数民族の過激派3グループ
68 「周辺部」でイスラム過激派は台頭するか3　アフリカ　237
世界一の最貧地帯ゆえの危険性／ローカル組織によるテロ資金や人員の争奪戦／経済大国ケニアはテロ組織の標的
69 石油・天然ガスの価格下落がイスラム社会にもたらす影響　240
サウジ主導の原油価格引き下げ／米国への協力と牽制の両面

70 イスラム社会の影響力は強まるか 243
2050年、ムスリム人口は27億人！／ムスリムが結束する機会は増える／イスラム内部の対立は残ったまま
71 ロシアのシリア空爆参加でグローバル・ジハード激化 246
ロシア空爆の背景／米ロ対立の激化？
72 難民問題という新たな火種 248
難民140万人を受け入れていたトルコ／難民問題の波紋
73 イスラム諸国と日本の関係はどうなるか 250
米国と足並みをそろえる日本／中立的な立場では「味方」にはならない／3・11後、ガスの売価は他国の数倍に／相手国政府との友好維持だけでは足りない

イスラム　敵の論理　味方の理由——これからどうなる73の問題

第1章　世界に押し広がるイスラム社会

1 イスラム社会はどこにあるのか

全世界で16億人、4人に1人はムスリム

米国のシンクタンク、ピュー・リサーチ・センターによると、2010年時点で全世界には約16億人のムスリム（イスラム教徒）がいる。これは世界人口の約23パーセントにあたり、宗教別ではキリスト教徒の約22億人（約32パーセント）に次ぐ規模である。

人口が多いばかりではない。イスラムはもともと、民族や文化を超えて人々を救済する世界宗教として発達した。現在、イスラムの影響は国家や地域を超え、アラビア半島を中心に西はアフリカのモーリタニアから東は東南アジアのインドネシアやフィリピンの一部、北はロシアのチェチェンや中央アジアのカザフスタン、中国北西部から南は東アフリカのタンザニアにいたる、広大なエリアにまたがる。

ムスリム人口の規模によって、国ごとに「イスラム度」ともいうべきイスラムの影響力には違いがある。また、それぞれの風土や環境の影響もあるため、これらすべてで金太郎アメのように画一化されたイスラム社会があるわけではない（2参照）。しかし、これらの土地の社会は、多くの特徴を共有する。そのうちのいくつかをみてみよう。

礼拝をし、アラビア語を解し、豚肉を食べない人々

まず、人々の行動から。ムスリムには5つの義務がある。信仰の告白、聖地メッカに向かっての1日5回の礼拝、貧しい人に施しをする喜捨《きしゃ》、断食《だんじき》、一生に最低1回のメッカ巡礼である。断食とは、太陰暦《たいいんれき》のイスラム暦（ヒジュラ暦）で9番目の月にあたる断食月（ラマダン）の期間中、人々は日没まで食事を禁じられることである。

これらを実際におこなうか否《いな》かは個人差があり、その土地の「イスラム度」にも影響されるが、これらの土地に進出する海外企業には、従業員や顧客の宗教行為への配慮が求められる。

次に、共通言語としてアラビア語がある。キリスト教の聖書は各国語に翻訳されており、世界でもっとも出版部数の多い書籍だが、イスラムの聖典『コーラン』の場合、アラビア語以外での出版は認められても、そこに宗教的価値はない。アラビア語のコーランだけが「聖典」なのである。

それは、「アラブ人であるムハンマドが神から言葉を預かったということは、神はアラビア語を話した」という理解にもとづく。そのため、これらの土地では日常的に話している言語以外に、アラビア語を多少なりとも理解する人が少なくない。

食習慣に関しては、コーランで食べることが禁じられている豚肉の流通量が少なく、異教徒や外国人といえども食べることがむずかしい。また、ムスリムは飲酒を禁じられているため、アルコール販売になんらかの規制があることもめずらしくない。ただし、これも土地によって差があり、豚肉ほど厳格に守られないこともある。

このほかにも男女の接触が厳しく制限されるなど、イスラム社会には多くの特徴がある。イスラムの教義やそれにもとづく習慣についてはつづく各項でも取り上げるが、これらの土地では程度の差はあれ、こういった特徴が見て取れるのである。

世界に広がるイスラム社会

イスラム社会は地理的に拡大しつつある。ヨーロッパ各国は第二次世界大戦後の人手不足を補うため、1940年代後半から多くの人間をおもに植民地から受け入れはじめた。そのため、現在のヨーロッパには二世、三世のムスリムもめずらしくない。

1989年の冷戦終結後にヒトの移動がさらに加速した結果、先述のピュー・リサーチ・センターによると、2010年現在でヨーロッパには約4349万人のムスリムがおり、人口の約5・9パーセントを占める（北米では348万人）。

移り住んだ土地で、必ずしも豊かでない生活を送る人も多いため、ムスリムは助け合って暮らすことがめずらしくない。その結果、モスク（礼拝所）を中心にイスラム社会が形成される。ヨーロッパ的な価値観や習慣を吸収したムスリムは、「ユーロ・ムスリム」と呼ばれる。

いわば「飛び地」のようなイスラム社会が新たに広がっているのだが、彼らも伝統的なイスラム社会から隔絶しているわけではなく、親戚関係を重視するムスリムは、先祖の土地とも行き来が少なくない。人的な結びつきによるネットワークで、イスラム社会は広がりをみせているのである。

2 中東、アジア、アフリカのイスラム社会は同じか

イスラム法中心の中東、部分的採用のアジア

一般的に多くの宗教やイデオロギーは、それが伝わった土地の要素と結びついて普及する。イスラムもやはり、その受容には地域ごとに違いがある。

「イスラム度」を測る目安として、イスラム法（16参照）の実施がある。この視点からイスラムの「本家」中東をみると、アラブ社会主義を奉じるシリア（50参照）や周辺国以上に宗派が混在しているレバノン（63参照）をのぞく、ほとんどの国でイスラム法が全面的に施行されている。その適用範囲は結婚や相続といった民法に関する領域から、刑事事件にもおよぶ。同じくイスラム法が全面的に施行されている中東以外の国には、アフリカのスーダンとモーリタニアがある。

これに対して、古くから仏教、キリスト教、ヒンドゥーなどとイスラムが共存してきた東南アジアでは、世俗的な人定法《じんていほう》（民法や刑法など人の定めた法律）との並立が一般的である。

マレーシアなどイスラムが国教の国では、イスラム法は全国で施行されるが、原則的にムスリム以外には適用されない。さらに、イスラム法廷（イスラム法に照らして審理する裁判所）とは別に世俗的な裁判所もある。憲法で国教が定められておらず、イスラムに公式には特別な地位が認められてい

ないが、ムスリム人口が世界一多いインドネシアでも、ほぼ同様である。

一方、タイやフィリピンなどムスリムが少数派の国では、同化政策への反発から、1960年代以降にイスラム系少数民族による分離独立運動が活発化した。そのため、両国ではイスラム法が一部の地域で適用されるなど、宗派間の「住み分け」が模索されている（67参照）。

次に、1991年のソ連崩壊で独立した中央アジア5ヵ国（ウズベキスタン、カザフスタン、キルギス、タジキスタン、トルクメニスタン）をみてみよう。この地域ではロシア系人をのぞくほとんどがムスリムだが、どの国でもイスラム法は公式に採用されていない。

共産主義体制の崩壊後、サウジアラビアなどへの留学経験をもつ若手イスラム法学者を中心に、厳格なイスラム的支配を求める動きは各国でみられる。しかし、各国政府は、イスラム復興によって、近隣で活動するタリバンなどの影響が増しかねないことに懸念《けねん》を隠さない（66参照）。

その一方でこれら各国では、基本的にロシアと友好関係を維持しながらも、その影響力への警戒も強く、国家としての独立を重視するなかで「民族」が結束の単位となってきた。この環境のもと、イスラムはいわば「国民的文化」として広く受容されているが、イスラム法の施行にはいたっていない。

公式に採用していない西アフリカ

最後にアフリカは、ムスリムを対象に民法分野でのみイスラム法が施行される国と、イスラム法が公式には採用されていない国の、大きく二つのタイプに分けられる。このうち、前者は北アフリカと東アフリカに多く、後者は西アフリカに多い。

このうち、北アフリカのイスラムは「大征服」（3参照）以来の長い歴史をもつが、現代ではエジプト（22参照）をはじめ軍人大統領の国が多い。つまり、世俗的な為政者《いせいしゃ》がイスラムを支配に利用するなかで、イスラム法が部分的に採用されてきたのである。

一方、タンザニアなど多くの東アフリカ諸国では、国民の過半数がキリスト教徒だが、アラブ系、なかでもイエメン系移民（9参照）は、英国による植民地支配のもと、インド洋沿岸の一帯で、植民者と現地住民のあいだに立つビジネス層としての立場を確立した。少数派ながらアラブ系人の影響力が大きいことで、限定的ながらイスラム法が施行されている。

つまり、北アフリカと東アフリカでイスラム法が部分的に採用されている状況は、それぞれの理由は逆方向だが、イスラムの影響力に比例したものといえる。

最後に西アフリカは、北アフリカほど中東の影響が強くなく、東アフリカと異なり旧フランス領が多い。西欧列強のなかでもフランスは、とりわけ自国のモデルを植民地支配に強く反映させた。その影響のもと、この地域には厳格な政教分離の原則にもとづいて独立した国が多い。

その結果、セネガルなどほとんどの国で、ムスリムが人口の過半数を占めていても、イスラム法は公式に採用されていない。

こうしてみていくと、歴史や社会のあり方を反映して、地域ごとに「イスラム度」の濃淡があることがわかる。

❸なぜイスラムはアジア、アフリカにも広がったのか

ムハンマド時代はアラビア半島一帯だけ

現在、イスラムは、ユーラシア大陸の中央部からアフリカ大陸の北部にかけての広大な領域で普及している。イスラムはどのように、これほど広範囲に波及したのか。それを知るためには、イスラム初期の歴史をひもとく必要がある。

イスラムは7世紀にアラビア半島で生まれた。614年、預言者《よげんしゃ》ムハンマドはアッラーからの啓示を受けて布教をはじめた。その拠点は、当時のアラブ人の多神教の中心地カーバ神殿を擁《よう》し商業都市でもあったメッカであった。しかし、この地を支配するクライシュ族の特権階級に迫害され、ムハンマドは622年にメディナに逃れた。

ムハンマドを中心とする信徒共同体（ウンマ。イスラムの教義にもとづいて治められる一種の都市国家）がメディナで成立したこの622年が、のちにイスラム暦元年とされた。20世紀に広がったイスラム的秩序への回帰を志向する運動は、多かれ少なかれ、この信徒共同体をモデルとする。

メディナで力を蓄えたムハンマドらはクライシュ族との戦いに突入し、630年にメッカへの無血入城を果たした。カーバ神殿の神像はすべて破壊され、それまでアラブ人の精神的基盤となっていた

メッカはイスラムの聖地とされた。こうして、イスラム共同体がメッカを中心にアラビア半島一帯を統治するにいたったのである。

半島外への遠征スタート

632年にムハンマドが病没した後、「神の使徒の代理」(カリフ)の地位についたアブー・バクルのもと、信徒共同体はイラク、シリアなどアラビア半島外への「大征服」を開始した。イスラム研究者の花田《はなだ》宇秋《なりあき》によると、それは世界にイスラムを布教するという宗教的な目的だけによるものではなかった。

もともと、砂漠《さばく》の民であったアラブ人は生活空間の拡大を求めてイラクやシリアへの遠征をくり返していたため、イスラムの布教はその格好のスローガンとして作用したというのである。さらに、アラビア半島の信徒共同体内に生まれていた征服者と被征服者のあいだの緊張を、大征服という外部の緊張をつくることで解消するという政治的目的もあった。

宗教的な目標に政治・経済的利害が結びついた軍事的な征服は、有力豪族ウマイヤ家出身者がカリフ職を世襲したウマイヤ朝(661~750)のもとで、さらに加速した。

イスラム初の王朝であるウマイヤ朝は、東ローマ(ビザンツ)帝国や中国の唐《とう》といった巨大帝国とも戦いを繰り広げるなか、西はイベリア半島から東は現在のパキスタンや中央アジアにいたるまで、その版図《はんと》を広げた。こうして、イスラムは世界史の舞台に躍り出たのである。

イスラム商人がアフリカ、アジアへ

一方、イスラムの本格的な普及がやや遅れたサハラ以南のアフリカや東南アジアでは、軍人より商人が大きな役割を果たした。

このうちアフリカの場合、イスラムが本格的に普及したのは、ラクダを用いて金、塩、奴隷《どれい》などを運ぶ隊商交易がさかんになり、サハラ砂漠を越えてイスラム商人が往来するようになった9世紀前後だった。

その後、11世紀末には現在のモーリタニア一帯にあったガーナ帝国のイスラム化が進み、13世紀にはさらに巨大なマリ帝国が建国された。金の大産出地マリの歴代国王が豪華な隊列を組んでメッカ巡礼をおこなったことで、その名は中東一帯に知られた。

さらに15世紀に興《おこ》ったソンガイ帝国のもとで、要衝《ようしょう》トンブクトゥにはイスラム法学者が各地から集まり、イスラムの一大拠点となったのである。

東南アジアの場合も、軍事的な征服より商取引がイスラム化の起点となった点で共通する。ただし、アフリカと異なり、こちらは船による交易がほとんどで、東アジアとの海運の要衝であるマラッカ海《かい》峡《きょう》一帯には、造船技術が発達した13世紀、インド商人などとともにイスラム商人が来航するようになった。

15世紀初頭にはマラッカ王国が成立し、マレー人のイスラム化の拠点となった。ただし、マラッカのスルタン（イスラム王朝の君主の称号）は中国の明《みん》と朝貢《ちょうこう》関係にあった。国力に圧倒的な差があったとはいえ、異教徒の皇帝に臣下の礼をとったことからも、この地のイスラム化が必ずしも教義にしばられない、比較的ゆるやかなものだったことがわかる。

4「イスラム人」はいるのか

イスラムは民族、文化を超える

人間は基本的に、いずれかの国家や社会の一員として生きる。「自分は何者か」の意識は、社会生活の第一歩である。では、イスラム社会があるならば、「イスラム人」は存在するのだろうか。

イスラムは民族や文化を超えて人々を救済することを目的とするため、もともと国家という枠組みを超えたグローバルな特質をそなえている。したがって、国家を構成する民族としての「イスラム人」は基本的にはいない。

もっとも、例外はあり、民族として「イスラム人」が存在したこともある。たとえば、民族や宗教が混在するバルカン半島にあった旧ユーゴスラビアでは、「ムスリマン」（ムスリム）が民族として認められていた。これは複雑な民族対立のなか、他との識別を明確にするための、いわば苦肉の策であった。

しかし、ほとんどの場合、イスラムが民族として扱われることはない。

『コーラン』がアラビア語で書かれているように、アラブはイスラムにおいて特別な地位を占める民族、文化である。しかし、イスラムはアラブ人だけでなく、トルコ人、イランのペルシャ人、その他多くの民族に普及している。逆に、アラブ人にもキリスト教徒やユダヤ教徒はいる。したがって、必ずしも「イスラム＝アラブ」とは限らない。

三層構造のアイデンティティ

さらにアラブ人が多く暮らす地域では、国家の成員としてのサウジアラビア国民、エジプト国民といった存在もある。

１９５０年代からアラブ民族の一体性を訴えるイデオロギー、アラブ民族主義（30参照）が中東・北アフリカ一帯で広がったが、現代でもアラブ国家同士のライバル関係、敵対関係はなくなっていない（38参照）。

そのうえ、同じアラブ人、同じ国民であっても、特定の居住地域や血統に由来する「部族」（氏族）に細分化されることもある（5参照）。イスラムの中心地アラビア半島には、１２０以上の「部族」がいるといわれる。

つまり、多くのアラブ人の場合、一人のなかにアラブ人としての意識、各国の国民としての意識、「部族」の成員としての意識という三層構造のアイデンティティがあり、さらにそれらすべてを包含するものとしてムスリム意識があることになる。

アラブ人以外の場合も、「自分は何者か」に関して、国家や地域に対する帰属意識が重層的で、そのうえで国家を超えたイスラム社会の一員としての自覚をもつ点で、ほぼ共通する。

重層的なアイデンティティという点では、ＥＵ市民、各国の国民、文化的な独自性をもつ地方の住民という３つの意識を共存させる現代のヨーロッパ人にも通じるところがある。

多くの日本人にとって、このような自己認識は不思議にみえるかもしれない。しかし、ムスリムの観点からみれば、神社にお宮参りに連れていかれ、チャペルで結婚式をおこない、死んだら仏式で葬《ほうむ》られる現代の多くの日本人のほうが、よほど不思議な存在である。

ほとんどの日本人は、世俗的には「日本人」というほぼ一元化されたアイデンティティをもつ一方、一人の人間のなかに多様な宗教的要素がモザイク状にそれぞれの位置を占めて共存している。多くのムスリムの場合、これと対照的に、宗教的アイデンティティは一元化されており、アッラー以外の神を自分のなかに受け入れることはありえないが、国家や民族に対する帰属意識は重層的になりやすい。

宗教であり、社会規範やルールでもある

ただし、ここで注意すべきは、近代ヨーロッパで生まれた「政教分離」（政治や社会生活と信仰を切り離して扱うべきという考え方）の原則を適用することが、イスラム社会においては困難な点である。

もともと、イスラムは宗教であると同時に、結婚や相続といった家族のあり方から、利子をともな

う金融の禁止などの経済活動、さらに犯罪の刑罰や戦争にいたるまで、社会生活全般を導く側面が大きい（**10**参照）。

イスラムは信仰という個人の精神活動にとどまるものでなく、政治や社会と結びつきやすい。国や地域を超えて、多くのムスリムは同じ信仰を共有しているだけでなく、世俗的な事柄に関してもほぼ共通の規範やルールをもっているのである。

5 民族と部族はどう違うか

民族は国家をつくる民のイメージ

開発途上国に関する報道などで、民族や「部族」という語を耳にすることは少なくない。人間の平等を説《と》くイスラムでも、実際の政治においては、民族や「部族」が大きくものをいうことはめずらしくない。

イラク、トルコ、イランなどに生活圏が分断されているクルド人は、そのほとんどがムスリムだが、それぞれの国家の多数派民族から「二級市民」扱いを受けてきた。

２０１１年にカダフィ体制が崩壊したリビアでは、新体制樹立後も民兵組織同士の衝突《しょうとつ》が絶えず、２０１４年にはふたたび内戦におちいったが、これら民兵組織のほとんどは「部族」をおもな基盤として、合従連衡《がっしょうれんこう》をくり返している。

それでは、民族と「部族」はどこが違うのか。どちらも研究者の数だけ定義がある用語だが、両者とも基本的には、言語や習慣といった文化的な共通性や、血統など生物学的な共通性をもち、メンバーがその一員である自覚をもつ集団、という意味で用いられる。しかし、近代ヨーロッパで生まれた２つの用語は、その概念において大きく異なる。

nationという英単語が「民族」と「国民」の両方の意味をもつことが示すように、近代ヨーロッパでは「一つの民族が一つの国家を建設する」という発想が生まれた。これは、多民族、多文化を支配する古代や中世の帝国と対照的な考え方といえる。ともあれ、民族は「国家を建設する」という前提を含んでいる。

部族は未開で野蛮というイメージ

これに対して、「部族」(tribe) という言葉は、18世紀から19世紀にかけて、ヨーロッパ列強が中東、アジア、アフリカなど世界中を植民地化するのと連動して、頻繁《ひんぱん》に用いられはじめた。そこには「国家をもたない」という客観的基準だけでなく、「文明とかけ離れた野蛮《やばん》、未開の状態で、少人数で暮らしている人々」という含意があった。

つまり、近代ヨーロッパ人からみて後進的な人々の集団を指す語として、「部族」は普及したのである。たとえば、中世以来ヨーロッパで迫害された歴史をもつユダヤ人でさえ、１９４８年のイスラエル建国以前に「国を失った民族」とはみなされても、「部族」と呼ばれることはなかった。

このような差別的ニュアンスを含む「部族」の語が用いられるようになった背景には、当時のヨーロッパが置かれた環境があった。

市民革命をへて人権意識が強まった一方、ヨーロッパ諸国は産業革命が進展するなかで、工業製品の原料である農産物や天然資源などの供給地として、そして商品を大量に売りさばくための市場として、植民地を必要とした。

そのなかで、ヨーロッパ列強は白人以外の集団を「野蛮」あるいは「未開」な「部族」と位置づけることで、自由や平等の理念と相容《あいい》れない植民地主義を正当化した。「ヨーロッパ人が非ヨーロッパ人を支配するのは正しい。なぜなら、それによって彼らは文明化されるのだから」というわけである。

アフリカなどよりは「まし」とされたものの、ヨーロッパが「暗黒の中世」の時代にあった頃、古代ギリシャ・ローマ文明の数学、医学、天文学などを継承・発展させ、それを近代初頭にヨーロッパに輸出して科学の発展に大きく寄与《きよ》したイスラム世界も、基本的には同様の扱いを受けたのである。

「エスニシティ」といういい方

20世紀も末の1990年代になると、さすがに「部族」の語がもつ帝国主義的、差別的ニュアンスが指摘されるようになった。その結果、欧米圏のアカデミズムやジャーナリズムでは、民族や「部族」などを包含し、共通の文化的グループを指す語として、「エスニシティ」(エスニック・グループ）が用いられるようになった。

ただし、欧米人が用語を変更しようとも、すでに民族や「部族」の概念はほとんどの非欧米世界で定着しており、彼ら自身によって違和感なく用いられることが多い。そのうえ、共通の文化をもつ集団の影響そのものは変化しておらず、冒頭で述べたように現代のイスラム社会においても同様である。

したがって、言葉がもつバイアスを理解することも必要だが、イスラム社会を把握する場合、民族や「部族」と呼ばれる存在が実際に果たしている機能をみることが欠かせないといえる。

❻民族間の対立はなぜ、どのように発生するのか

ムスリム同士でもあった人種差別

ムスリム同士でも、民族や部族の違いにもとづく対立や衝突は少なくない。たとえば１９２２年の独立以来、エジプトの南部ではアラブ人と少数派でアフリカ系のヌビア人の衝突が断続的に発生している。

その一方で、たとえばマレーシアでは、１９５７年の独立以来イスラムが国教だが、ムスリムの多いマレー人と、ヒンドゥー教徒のインド系、仏教徒の中国系などが、摩擦《まさつ》を抱えながらも大きな衝突なく共存してきた。つまり、民族や部族の違いが、必然的に争いをもたらすものとはいえない。

だとすると、民族・部族のあいだの対立はなぜ、どのように発生するのか。まず、相互の文化や宗派に対する無理解、なかでも社会的に優位な側のそれは対立を生みやすい。

中国の新疆《しんきょう》ウイグル自治区で、沿岸部から移り住んだ漢人《かんじん》が、豚肉を公然と売ったり食べたりすることは、先住民でムスリムの多いウイグル人にとって文化的な挑発に映る。

これに加えて、政治的・経済的な利害関係も大きく作用することが多い。富や資源が限られたなかで、「自分たち」と「自分たち以外」を識別し、「自分たち」の利益を大きくしようとする発想は、人間に特有のものであろう。

これはイスラム社会でも同様である。預言者ムハンマドの死後の「大征服」の時代、占領された土地では、アラブ人ムスリムが税を免除された一方、改宗しなかった者だけでなく、アラブ人以外のムスリムにも人頭《じんとう》税と地租が課されていた。

体制側の民族・部族が優遇される

現代の先進国では、「国民」という枠が「自分たち」の基準になることが多い。しかし、イスラム圏を含む多くの開発途上国では国内に数多くの文化が林立しており、そのなかでは一体性ある「国民」という意識を生みにくい（29参照）。

イスラム社会に関していえば、「国民」としての自覚が薄くなるほど、それを超えた「ムスリム」としての一体性か、国家のなかで細分化されている民族・部族が、「自分たち」とそれ以外を識別する基準になりやすくなる。

この状況のもとで、国家権力をにぎる為政者は、国民の一体性を強調しながらも、特定の民族や部族を優遇《ゆうぐう》することがめずらしくない。民主制であれ独裁体制であれ、為政者が支持基盤を必要とする点では共通する。

多くの開発途上国の為政者にとって、自らの出身の民族・部族は、イデオロギーにかかわらず固い支持基盤になりやすい。そのため、特定の民族・部族に政府・公的機関のポストや雇用機会が偏《かたよ》ったり、公共事業が特定の地域に集中したりしやすい。これは、その他の民族・部族の不満を呼ぶ。つまり、帰属する集団の違いが、政治的・経済的な利害対立をもたらした場合、民族・部族間の争いは容易にエスカレートするのである。

一例をあげよう。エジプトの場合、14世紀にナイル川上流域がアラブ人に占領され、先住民ヌビア人にもイスラム布教が進んだ一方、土地や水利をめぐってアラブ人とヌビア人との争いは絶えなかった。

エジプト建国後も、１９７０年に完成したアスワン・ハイ・ダムの建設にあたって、充分な補償なしに強制的に立ち退かされるなどしたため、アラブ人中心の政府に対するヌビア人の不満は蓄積していった。

「アラブの春」（41参照）の波のなか、エジプト全体の政情や治安が悪化していき、２０１４年４月にはアスワンで両者が衝突し、数十人が死傷している。

多民族国家マレーシアの知恵

ただし、政治によって民族・部族間対立が激化することもあれば、政治によってこれが緩和《かんわ》されることもある。マレーシアの場合、憲法153条で先住民マレー人には「特別な地位」が認められている。マレー人は多数派だが所得が総じて低く、これにもとづくブミプトラ（「土地の子」）政策のもとで、大学進学や雇用で優遇措置がとられてきた。

一方、マレーシアは1980年代以来、政府が主導して外資を誘致し、飛躍的な経済成長を実現した。これはマレー人だけでなく、少数派だがビジネス層の多いインド系や中国系にも恩恵をもたらした。いずれか一方が利益を独占しないことが、多民族国家マレーシアの安定の大きな要因といえる。

7 少数民族を抱える国のリスク

同化か抗議か

「国民」としての一体性をもつことが困難な場合、少数派の民族・部族には、大きく二つの対応がある。自ら進んで多数派に同化するか、抗議の意思を示すかである。

このうち第一の選択は、人数が少なく、しかも同化で得られる利益が大きい集団にとっては、めずらしくない選択である。

中国では、モスクやイスラム法学者も政府の管理・監視下に置かれている。しかし、10のイスラム系少数民族のうち、１０００万人以上の人口を抱えるウイグル人（45参照）以外では、共産党支配への抗議運動はほとんどみられず、むしろ中国経済に参入する利益を選ぶことが一般的である。このような場合、少数派の複雑な感情をのぞくと、少なくとも社会的に大きな混乱は生まれにくい。

これに対して、第二の選択である抗議の目標は、大きく分けると、その国のなかでの自治権の拡大と、分離独立がある。この手法としてはデモなど平和的なものと、内戦やテロなど暴力的なものがある。

しかし、目的にかかわらず、平和的な手法が政府によって抑圧された場合、抗議運動は暴力的なものになりやすい。これをイスラム社会に限定して分類すると、（１）抗議する側とされる側がいずれもムスリム、（２）抗議する側がムスリム、（３）抗議される側がムスリム、の３つのタイプがある。

中東のクルド人問題

このうち（１）のタイプとしては、クルド人問題があげられる。トルコ、イラン、シリア、イラクなどに分断されるクルド人は３０００万人以上にのぼるとみられ、「国をもたない世界最大の少数民族」と呼ばれる。多くはスンニ派ムスリムで、クルド語など独自の文化をもち、独立政権をもった歴史的経験ももつ。

しかし、その居住地域は１５１４年にオスマン帝国とイランのサファヴィー朝の戦いの結果、分断された。20世紀に入り、クルド人は各国政府に分離独立や自治権拡大を求めたが、いずれも拒絶・弾圧されたため、たとえばトルコでは１９８４年以降、マルクス主義の影響を受けた「クルド労働者党」（ＰＫＫ）によるテロが相次いできた。

ＰＫＫは外国人も標的にしているため、欧米諸国からテロ組織に認定されている。クルド人問題は、シリア内戦やイラク内戦にも影響をおよぼしている（**50**参照）。

中国のウイグル人問題

（２）と（３）のタイプでは、民族・部族間の対立が宗派間対立の様相も帯びやすくなる。ムスリムと結婚する場合、原則的に非ムスリムは改宗を求められる。そのため、宗派を超えた結婚は制限されやすく、宗派の違いが民族・部族の違いとして固定化されやすいのである。

このうち（２）の代表例としては、中国の新疆《しんきょう》ウイグル自治区があげられる。ウイグル人は５世紀頃に中央アジアに移り住み、８世紀のアラブ人遠征後にイスラム化したトルコ系遊牧民族の子孫にあたる。清朝《しん》による支配をへて、１９４４年にはウイグル人を中心に「東トルキスタン共和国」として独立を宣言したものの、１９５５年に中国に正式に編入された歴史をもつ。

その抗議運動は、国際世論に訴えて自治拡大を求める「世界ウイグル会議」など比較的穏健なグループから、タリバンなどともつながる過激派まで多岐にわたるが、ほとんどが中国政府から「国家分《ぶん》裂《れつ》をはかるテロリスト」と位置づけられている。ウイグル人問題は、多民族国家中国を揺るがす問題の一つである。

スーダンではムスリムがキリスト教徒を迫害

最後に、（３）のタイプとしては、スーダンがあげられる。スーダンでは人口の多いアラブ系ムスリムの多い北部が、アフリカ系キリスト教徒の多い南部を支配する構図があり、独立以前から南部諸部族はムスリムによる支配への拒絶反応を示していたが、特に１９８３年に北部政府がイスラム法の実施を発表したことで、その不満はピークに達した。

この背景のもと、南部諸部族は政府軍とのあいだで第一次（１９５５～７２）、第二次（１９８３～２００５）と約40年間におよぶ内戦をたたかい、国連などの仲介もあって、２０１１年に約１１３０万人を抱える南スーダンとして独立したのである。

イスラム圏でも相次ぐ民族・部族間の衝突は、政府が強圧的に臨《のぞ》むことで激化しやすく、それは国家そのものの存続を脅《おびや》かすのである。

8 イスラム復興とは何か

消えゆくものとみなされていたイスラム

国際政治において、イスラムが関心を集めるようになったのは、1970年代半ばからである。それ以前、イスラムは近代化のなかで消えるものとみなされていた。

18世紀のワッハーブ派（19参照）や1928年のムスリム同胞団の結成（22参照）など、「西洋の衝撃」に直面するなかで社会を再生するエネルギーをイスラムに見いだす動きはあった。しかし、特に第二次世界大戦後、世界中でほとんどの宗教が求心力を低下させていたように、イスラム圏でも近代化が進むなか、スカーフをかぶらない女性が増えるなど、社会の世俗化が進んだのである。

1970年代半ばからのイスラム復興

ところが、1970年代半ばからイスラムだけでなく、世界各地でユダヤ教、キリスト教、ヒンドゥーなど多くの宗教が勢力を盛り返した。このおもな背景には、資本主義や社会主義など宗教にもとづかない世俗的イデオロギーの求心力が低下したことがあった。

資本主義の発達は人間同士の結びつきを疎遠にし、成長至上主義が蔓延《まんえん》することで公害など多くの問題を引き起こした。一方、これに対抗して発達した社会主義も、1968年のソ連のチェコスロバキア侵攻や1965年からはじまった中国の文化大革命で、支持者の信頼を損《そこ》なった。世俗的イデオロギーが人間を幸福に導くかが疑問視されるなか、宗教復興は発生したのである。

イスラムの場合、それはエジプトのガマール・アブドゥル＝ナセル大統領が提唱したアラブ民族主義（30参照）の退潮と連動していた。イスラム色の薄いアラブ民族主義は、1967年の第三次中東戦争での大敗、1970年のナセル死去、1978年のエジプトのイスラエルとの単独和平合意（キャンプデービッド合意）などで、多くのムスリムにとって輝きを失っていた。いわばイデオロギー的な真空を埋めるように、イスラムが復興したのである。1979年のイラン・イスラム革命は、その象徴だった。

イスラム研究者の小杉泰《こすぎやすし》は、イスラム復興を3段階で分類している。（1）イスラム覚醒《かくせい》。宗教熱心な者が増え、個々のムスリムが社会の現状を、イスラム的観点から批判的にとらえるようになった。（2）イスラム復興運動。スカーフなど宗教的シンボルを日常的に着用する若いムスリムが増え、世俗化していた親世代とのギャップが鮮明になった。また、モスクでの献金といった宗教活動に参加する者が増えるなど、イスラム覚醒が個人の内面だけでなく、社会現象として確認された。（3）イスラム復興主義の発達。政教一致のイスラム本来の立場から、政治権力の獲得《かくとく》によってイスラムの教義に適《かな》う社会の実現をめざす活動が広がった。

この3段階は、トーンの差はあれ、おおむねすべてのイスラム諸国で共通する。

イスラム主義と過激な武力行使

このなかで生まれた「イスラム主義」は、社会を改善するために、イスラムに適う国家の再建をめざすイデオロギーである（59参照）。イスラム主義者の多くは低所得層への救貧活動などイスラムの教義に適う社会活動をおこなう一方、選挙への進出によって権力の獲得をめざす。

２０１０年末からの「アラブの春」（41参照）のなか、民主的な選挙が実施された国の多くで、ムスリム同胞団などを母体とするイスラム主義政党が勝利したことは、その勢力の広がりを印象づけた。

その一方で、イスラム復興は武力行使も辞さないイスラム主義者をも生んだ。１９８０年のアフガニスタンへのイスラム義勇兵の参集や１９８１年のエジプト大統領アンワル・サダト暗殺（32参照）は、その後のイスラム過激派の台頭の狼煙《のろし》になった。

ただし、穏健派と過激派を明確に区切ることはむずかしい。１９８０年代末からパレスチナでの反イスラエル闘争で台頭したハマス（47参照）は、もともとムスリム同胞団の支部から分裂した組織で、貧困層への救貧サービスで支持を広げ、２００６年パレスチナ自治政府の暫定《ざんてい》議会選挙では第一党となった。

これと並行して、ハマスはパレスチナの全面解放を掲げ、イスラエル軍とも定期的に衝突をくり返してきた。そのため、米国やイスラエルからは「過激派」と認定されている。

こうしてさまざまな活動を内包しながらも、対テロ戦争やグローバル化の弊害《へいがい》、欧米諸国での反移民感情などを背景に、イスラム復興そのものは加速しているといえる。

9 アジアやアフリカでイスラム復興は起こっているか

イスラムが土着化した「周辺部」地域

中央アジア、東南アジア、アフリカなどは、イスラム世界の「周辺部」と呼べる。これらの地域は、「中心部」アラビア半島から離れているため、普及のなかでイスラムが現地の文化と融合しやすかった。

中央アジアでは、禁欲的な生活と瞑想《めいそう》などの修行を通じて、神の前で自我を消滅させる境地をめざす、神秘主義的なスーフィー運動がさかんである。

この神秘主義はイスラム以前のマニ教や仏教の影響を受けたものといわれ、9世紀頃に現在のイラクやイランで生まれた。その後、イスラム法学の発達とともに、中東では「異端」とされたが、もともとシルクロードを通じて多様な宗教が行き交っていた中央アジアでは生き残り、現在も数多くのスーフィー教団がある。その指導者への敬意は、聖人崇拝に近い。

この固有のイスラム文化は、イランにシーア派が成立し、スンニ派で共通するアラブ圏と断絶されたことで、中央アジアに定着した。

地域の特性とイスラムの融合は、他の「周辺部」でもほぼ同様である。東南アジアでは精霊《せいれい》信仰

（万物に存在する精霊とその作用を信仰する宗教的態度）やヒンドゥーなどの要素が混じっており、アフリカでは中央アジアと同様にスーフィー運動がさかんで、さらに精霊信仰との融合もみられる。

そのため、これらの地域では六信五行《ろくしんごぎょう》と呼ばれる、イスラム教徒が信ずべき6つの信条（神、天使、啓典、預言者、来世、予定）と、実行すべき5つの義務（信仰の告白、礼拝、喜捨《きしゃ》、断食《だんじき》、メッカ巡礼）は守られても、それ以外の教義は公式どおりに実践されるとは限らず、スカーフやヴェールを着用しない女性や飲酒などもめずらしくない。

いわば「周辺部」ではイスラムが「土着化」したのである。

「正しいイスラム」をめざす動き

しかし、1970年代半ばからのイスラム復興（8参照）のなか、程度の差やタイミングの違いはあっても、「周辺部」でも純粋なイスラムの教義への関心が高まった。それは中東・北アフリカと同様に、スカーフなどを着用する女性や飲酒を節制する人が増えるといった個人レベルから、イスラム法の施行を求める団体の登場など政治レベルにまでみられる。

「周辺部」のイスラム復興はおもに、中東・北アフリカとの人的な交流の増加によってうながされた。

東南アジアは「周辺部」のうちもっとも早く、1970年代末にはその洗礼を受けたが、もともとこの地域は、ハドラミーと呼ばれるイエメン系移民が17～19世紀に商業的な機会を求めてインド洋一帯に進出したときの対象地域の一つだった。

そのため、現在でも富裕なハドラミー系ビジネスマンのネットワークが、東南アジアとアラビア半島を結んでいる。東南アジアからアラビア半島への留学生や出稼ぎ者も多く、イスラムの中心地で生まれた変化は、東南アジアにいち早く伝わったのである。

中央アジアでは１９９１年のソ連崩壊にともなう独立後（66参照）、アフリカでは２０００年代の資源ブームに入る前後（68参照）とタイムラグはあるが、中東・北アフリカに滞在経験のあるイスラム法学者や、メッカ巡礼者が増えるとともに、「正しいイスラム」をめざす動きが広がっている点で共通する。

さらに近年では、サウジアラビア政府が各国で巨大モスクの寄進をおこなうなど、イスラム普及を進めている。特に人口増加率が高く、２０５０年までに人口が24億人近くになると予想されるアフリカでは、キリスト教とのあいだで布教競争が激しい。

その結果、たとえばサウジ政府が支援するＮＧＯ「国際イスラム救済機関」の海外事務所数（２０１３年）で比べると、中東を含むアジアの合計は11ヵ所だが、アフリカは15ヵ所にのぼる。これも、「中心部」の「周辺部」への影響を大きくする一因といえる。

ただし、「正しいイスラム」の布教は、「土着化したイスラム」と必ずしも相容れない。たとえば、中央アジアやアフリカで一般的な聖人崇拝は、ワッハーブ派の立場からは認められない（19参照）。

さらに、アラビア半島とのヒトの往来は、過激派の出入りも増やしている。そのため、「周辺部」におけるイスラム復興は、イスラム社会内部の摩擦《まさつ》と、急進的なイスラム主義者の台頭をもたらしているのである。

第2章　日本人にはわかりにくいイスラム教

10 イスラムの特徴とは？

誰でもムスリムになれる開放性

イスラム社会の特徴を知るうえで、イスラムそのものを知ることは欠かせない。イスラムの預言者《よげんしゃ》ムハンマドは614年、メッカで布教をはじめた。ムハンマドは神の啓示にもとづき、物質的な享楽《きょうらく》を戒《いまし》め、社会的弱者に手を差し伸べることを説《と》いた。その特徴を、世界宗教、政治との不可分性、社会生活の規範という3点からみていこう。

第一に、イスラムは文化の違いを超えて人々の救済をとなえる点に特徴がある。つまり、特定の民族・部族のみを対象にするわけではなく、信仰を告白することで誰でもムスリムになれる。この点で、同じ一神教であっても「ユダヤ人の救済」を説くユダヤ教と異なる。

ムハンマドによる布教当時、アラビア半島の諸部族はそれぞれ氏神《うじがみ》を尊崇《そんすう》していた一方、商業的利益などをめぐって戦乱が絶えなかった。イスラム初期の歴史書『諸国征服史』によると、布教を弾圧したクライシュ族との戦いに勝利したムハンマドは、以下のようにいった。

「諸部族連合を解消せしめて一つになし給《たも》うた神を讃《たた》えんかな」

もちろん、その後の歴史は必ずしもイスラムの理念どおりとばかりはいえない。特に現代では、各国政府が支持基盤の宗派や民族・部族を優遇《ゆうぐう》しがちで、ムスリム同士の争いは絶えない（6参照）。しかし、その開放性が各地への普及をうながしたことも確かだろう。

政治と宗教が不可分の関係

第二に、イスラムは個人の内面の信仰だけでなく、国家・共同体の政治をも規定する原理である。イスラムでは神がこの世の主権者であり、人間は地上における神の代理人にすぎない。ただし、人間には神の意志を解釈する余地が認められており、「神の主権」は専制支配への抵抗原理にもなるが、いずれにせよ支配の正統性の根拠は神にあるのである。

これは近代西欧で生まれた政教分離、国民主権の理念と大きく異なり、信仰と統治が不可分の関係にある。

イスラム社会で理想とされるのは、ムハンマドが率いた信徒共同体である。聖地メッカを制圧し、アラビア半島一帯に威勢を示したムハンマドは、これに従った諸部族に礼拝、断食《だんじき》、喜捨《きしゃ》などの義務を課した一方、サダカと呼ばれる事実上の租税を課した。ムハンマドによると、「サダカは貧しいムスリムへの喜捨である」。

この信徒共同体の理念は、その後も引き継がれている。ムハンマドが没した後、イスラム社会の指針として、生前のムハンマドに下った神の啓示である『コーラン』と、ムハンマドの言行録『ハディース』がまとめられ、これらにもとづいて9世紀初め頃までにイスラム法が体系化された。

イスラム法は現代でもイスラム社会の統治の基盤である。ただし、宗派ごとに学派があり、地域ごとにどの学派の勢力が大きいかは異なり、さらにイスラム法と人定法をどのように組み合わせるかは、国や地域によって異なる（**2**参照）。

社会生活の規範となる

第三に、イスラムが社会生活の規範である点について触れる。コーランは礼拝や喜捨などの宗教的行為や、家族を大事にすることや約束を守ることといった一般的な倫理的徳目《とくもく》だけでなく、結婚、離婚、離婚後の子どもの扶養《ふよう》、相続、葬礼《そうれい》、食事、売買・賃貸借契約といった社会生活に関わる規定も含む。

たとえば、利息は禁じられている。働かずして利益を得ることは許されないというのである。その結果、事業主に無利子で融資し、利益が出た場合に配当を受け取るなど、リスクを共有する形態でイスラム特有の金融が発達した。このように日常への拘束《こうそく》が強い点で、仏教などと大きく異なる。

しかし、なかには現代の先進国の基準からみて過酷《かこく》ともいえる要素もある。コーランで処罰が規定された罪をハッドという。ハッドには姦通《かんつう》、姦通についての中傷《ちゅうしょう》、飲酒、窃盗《せっとう》、追いはぎの5つがあり、これらの刑罰として石投げ、手・足の切断、鞭打《むちう》ち、死刑などが定められている。

現代でも、イスラム法が厳格に適用されるイランなどでは、外国人であっても、ムスリムと、特に未婚女性と婚外交渉をもった場合、同様の刑罰を受けることがある。

11 イスラムとユダヤ教、キリスト教は「同じ神」を信仰しているのか

ユダヤ教、キリスト教は不完全

イスラムからみて、多神教を信仰する者はクッファール、つまり「不信仰者たち」と呼ばれる。コーランには「多神教徒は見つけしだい、殺してしまうがよい」という記述さえある。

ただし、多神教徒であってもイスラムに対して敵意がなければ、これと和平協定を結ぶことまでは否定していない（24参照）。

一方、それ以前に普及していた一神教のユダヤ教とキリスト教は、やや違う扱いを受ける。イスラム布教段階のおもな信徒だったアラブ人は、これらを自らと同じく、「箱舟」で有名なノアの子のうちセムの系列に属するものとみなした。

つまり、イスラムの神アッラーは、ユダヤ教のヤハウェ、キリスト教のゴッドと同じだというのである。

ただし、イスラムの見方では、ユダヤ教やキリスト教は不完全である。モーセが神から授かった十《じっ》戒《かい》にもとづくユダヤ教は、終末の日に「ユダヤ人のみが救われる」という選民思想に行き着き、「すべての人を救う」という主旨から逸脱した。イエスが広めたキリスト教は、人間である預言者を神格

化し、「唯一の神」という原則から逸脱した。

こうして、それまでの預言者によっては啓示が正しく人の世に広まらなかったので、神は最後の預言者としてムハンマドを選び、彼に託した言葉が『コーラン』である、とムスリムは考える。もちろん、ユダヤ教徒やキリスト教徒がこの見方に同意しているわけではない。

「啓典の民」からの拒絶

ともあれ、イスラムの預言者のなかには、ムハンマドより低い位置づけだが、モーセやイエスだけでなく、アダムやノアなど聖書の使徒も含まれる。曲がりなりにも同じ神から預かった言葉を奉じているこれらの信徒は、「啓典《けいてん》の民」として、歴代のイスラム帝国では課税など一定の条件のもとで信仰の自由が保障されるなど、多神教徒とは別枠で扱われたのである（**24**参照）。

このような「同系列だが優劣のある関係」のとらえ方は、当初からほぼ一貫しているが、ムハンマドによる布教のプロセスのなかで、微妙なシフトをへて確立していった。

ムハンマドは40歳頃に大天使ガブリエルを通じて初めて神の啓示を受け、その死にいたる22年間に、断続的に言葉を預かったといわれる。

コーランに残されている、６１４年にメッカで布教した最初期の啓示では、「ムハンマドの出現がイエスによって予言されていた」とあり、これによれば当時アラビア半島に定住していたユダヤ教徒やキリスト教徒は、ムハンマドを使徒として受け入れるはずだった。

しかし、６２２年に迫害を逃れてメッカからメディナに移り住み、その地で初めてこれら「啓典の民」と本格的に接したムハンマドは、彼らからの拒絶に直面した。特に、当時メディナ人口の約半数を占めていたユダヤ教徒は、聖書とムハンマドの教説の違いを指摘し、彼を偽預言者と呼んだのである。

イスラムこそが正統という教えに

ユダヤ教徒との対立が深まるなか、イスラムと他の一神教の差別化が鮮明になっていった。それまでユダヤ教徒と同様にイェルサレムに向かっていた礼拝の方角が、６２４年にメッカに変更されたことは、その大きな転機であった。メッカには当時、ムハンマドらを迫害した、クライシュ族の多神教の中心地カーバ神殿があった。

この突然の方角の変更は、メディナでの啓示のうち、「イスラムはモーセやイエスよりはるか昔に啓示を受けた（旧約聖書にも登場する）アブラハムの純正な一神教の伝統を復活させたものである」ことや、「カーバ神殿はそもそもアブラハムとその息子イシュマエルが創建したものである」ことなどを受けてのものだった。

これらの啓示により、イスラムの教義とアラブの民族的伝統が融合されただけでなく、のちのメッカ征服をジハードとして正当化することが容易になった。そのうえ、ユダヤ教やキリスト教との違いが当たり前で、むしろイスラムのほうが正統という教説も確立したのである。

しかし、その後ムハンマドは、自分に抵抗したユダヤ人たちをメディナから追放した。ここに、近親憎悪《ぞうお》の根の深さをみてとることができる。

12 イスラムの二大宗派「スンニ派」と「シーア派」

ムハンマドの「慣行」にならうスンニ派

多くの宗教と同じく、イスラムにも宗派がある。大きく分けるとスンニ派とシーア派があり、それぞれさらに細かく分かれている。ムスリム人口の約90パーセントがスンニ派である。

イスラム初期に生まれた両派の大きな違いは、イスラム法のとらえ方にある。預言者ムハンマド亡き後の信徒共同体では、神の言葉に沿った社会生活を送るため、イスラムの教えに適《かな》う法が必要になった。

そこで、ムハンマドの代理人を意味するカリフと呼ばれた指導者が選ばれ、そのもとで神の言葉である『コーラン』だけでなく、ムハンマドの慣行（スンニ）を記した『ハディース』がテキスト化された。

キリスト教におけるイエスと異なり、イスラムにおいてムハンマドはあくまで人間だが、いわば特別な人間なので、その行動や判断は全ムスリムにとっての鑑《かがみ》になると考えられたのである。イスラム法の根拠としてスンニを重視した人々が、のちにスンニ派と呼ばれることになった。

イスラム法学者の解釈が重要

スンニ派はコーランとハディースに加えて、「類推」と「合意」を重視する。このうち「類推」とは、どうすれば神の意志に沿って現実の問題に対応できるかを、コーランとハディースの記述から論理的に考えることである。こういった解釈は、聖職者であるイスラム法学者（**16**参照）だけがおこなえる。

一方、「合意」とは、イスラム法学者の解釈が多くの人に受け入れられる状態である。つまり、イスラム法学者が導き出した意見が多くの信者に受け入れられれば、それもイスラム法の根拠になるととらえるのである。

スンニ派の考え方では、これら４つのイスラム法の根拠に沿って統治がおこなわれるなら、為政者《いせいしゃ》が誰でもかまわず、世襲の王政でも容認される。為政者の判断が神の教えに沿わないこともありうるが、それでもかまわないととらえる。

人間は不完全だが、神の言葉に従い、預言者のスンニを鑑に、論理的に考え、社会でそれなりに受け入れられたなら、たとえ結論が誤っていても、それは神の意志に適った行為である。為政者が神の教えに反したか否《いな》かは、最後の審判の日に神が判断することで、人間に判断できることではない、というのである。これはいわば人間の限界を見据《みす》えた現実的な立場といえる。

指導者崇拝の色が濃いシーア派

これに対してシーア派は、合意や類推だけでなく、スンニも全面的には認めていない。シーア派の考え方では、不完全な人間が集まって誤った結論を導き出し、それに多くの人が合意した場合、不正がまかり通ることになり、これを受け入れることはムスリム本来の姿からの逸脱である。

この観点から合意や類推はイスラム法の根拠にならず、ハディースに記されているスンニも、表面的なこと以上の意味を人間がくみ取ることはできないととらえる。スンニ派と比較して、シーア派は不確実性を排し、普遍的な理論や説明を構築しようとする点で、合理性を重視する立場といえる。

このようなシーア派にとって重要なのは「誤りを犯さない」指導者である。そのような人間は神に選ばれた預言者と、その血統に属する後継者しかいない。これをシーア派はイマームと呼ぶ。

シーア派はもともとシーア・アリーと呼ばれた第四代カリフのアリーを支持した信者たち（13参照）を始祖《しそ》とする。その後「アリー」が省略され、「派」や「党」を意味するシーアだけが残ったのである。

シーア派はムハンマドがもっていた特別な人間としての資質が、アリーをはじめ、その血統を通じて各時代に一人のイマームに宿るととらえる。ただし、歴史上最後のイマームはすでに「隠れて」いるので、彼が最後の日に再臨するまではイスラム法学者がその任を代行することになっている。

こうしてシーア派には聖人崇拝《すうはい》の特徴があるが、スンニ派はこれを、偶像崇拝《ぐうぞう》を禁じたイスラムからの逸脱ととらえており、両派の教義は相容《あいい》れないのである。

13 スンニ派とシーア派はなぜ対立するのか

ムハンマドの後継者をめぐる対立

スンニ派とシーア派は歴史上、衝突《しょうとつ》をくり返してきた。現代でも、スンニ派の大国サウジアラビアとシーア派の中心地イランのあいだの抜き差しならない対立は、シリア内戦（50参照）などで表面化している。両派の関係は、教義の違いだけでなく、政治的な対立の果てにあるものである。

スンニ派とシーア派の対立は、ムハンマド没後にさかのぼる。ムハンマドは後継者について語らず没したため、ムスリムたちは古参信者のなかから指導者を選び出した。これは遊牧民アラブの慣習に沿ったものでもあった。

この指導者はムハンマドの代理人（カリフ）と呼ばれ、人格高潔で指導力があるとみなされる信者の長だったが、預言者ではないので誤った判断をすることもあるという前提があった。これは現在のスンニ派の基本的な考え方に照応する。

しかし、このカリフ選出が、のちの対立の火種《ひだね》となった。当時、信徒共同体のなかには、ムハンマドの従兄弟《いとこ》で娘婿《むこ》のアリーを熱狂的に支持する一団があった。のちのシーア派である。

ところが、結果的には信徒のあいだの「数の力」により、初代カリフに古参信者のアブー・バクルが選出され、その後、第二代にウマル、第三代にウスマーンが就任したのである。彼らを選出した多数派が、のちのスンニ派である。

擁立した後継者を殺害されたシーア派

このうち特に問題となったのは、第三代のウスマーンだった。ウスマーン個人は敬虔《けいけん》なムスリムだったといわれるが、彼はメッカの有力豪族で、ムハンマドの布教を最後まで妨害《ぼうがい》したウマイヤ家の出身だった。

ムハンマドのメッカ入城後、ウマイヤ家もそろって改宗していたが、ウスマーンが一族を信徒共同体のおもだった役職につけていったことは、多くのムスリムの不興を買った。

ウマイヤ家に信徒共同体が左右されることを憂いた暴徒により、ウスマーンは656年に暗殺された。ムハンマド亡き後の信徒共同体は、早くも分裂《ぶんれつ》の兆《きざ》しをみせはじめたのである。

その後、第四代カリフにはアリーが選出されたものの、これに異議をとなえたウマイヤ家の一派との戦争をめぐり、アリーは暗殺された（**14**参照）。

ところが、アリー亡き後、これと争ったウマイヤ家出身者がカリフ位を世襲するウマイヤ朝（661〜750）が成立したことで、シーア派の結束は、むしろ固まった。シーア派はアリーの息子フサインを擁立《ようりつ》し、彼らがイスラムからの逸脱とみなすウマイヤ朝に反旗を翻《ひるがえ》すことを決意したのである。

ところが、これを察知したウマイヤ軍により、680年にフサインはカルバラーで殺害された（カルバラー事件）。預言者の孫の受難というショックとウマイヤ朝による弾圧のなか、シーア派はさらに結束を強め、その教義もさらに先鋭化していった。多くのシーア派はウマイヤ朝だけでなく、最初の３人のカリフも、ムハンマドの正統な後継者の座をアリーから「奪《うば》った」ととらえはじめたのである。これはスンニ派には受け入れられないものだった。

多数派と少数派の反目

多数派のスンニ派からすると、ウスマーンは誤ったかもしれないが、信者に選出された正統なカリフだったことにちがいない。スンニ派内部にも世襲のウマイヤ朝の成立に異論はあったが、少なくとも最初の３人のカリフの正統性を否定する者はいなかった。それは信徒共同体の「合意」が誤りだったと認め、ひいてはその後の体制がイスラムからの逸脱と宣言するに等しいからである。

しかし、少数派のシーア派からすると、預言者と強い結びつきをもつアリーがいるにもかかわらず、ムスリムの長にふさわしくない者を多数派が選出したこと自体に問題があった。シーア派が「合意」や「類推」をイスラム法の根拠に認めない（12参照）ことは、ここに由来する。

さらに、シーア派にペルシャ人など当時アラブ人の風下に置かれる民族が多かった（20参照）ことは、「誤りを認めない多数派」への反感を助長させたといえる。

こうして両派の対立は、政治的、民族的な対立を含みながら、お互いの宗教的な存在意義をかけたものとなり、その後のイスラム社会の大きな対立軸になったのである。

14 キリスト教のような宗教改革がイスラムにあったか

コーランはそのまま受け入れるべきもの

マルティン・ルター（1483〜1546）やジャン・カルヴァン（1509〜64）による宗教改革は、近代への転換点だったといえる。彼らはいずれも、当時のカトリック教会の堕落《だらく》を批判して聖職者による信仰の独占を拒絶し、聖書と自らの対話を重視し、信仰の純粋化をめざした。

信仰面での自立は個人主義、ひいては自由や民主主義の観念に発達し、さらに社会学者マックス・ヴェーバーがいうように「職業は神から与えられたもの」というカルヴァン派の教義は勤労や倹約の美徳を生んで、資本主義が発達する精神的基盤ともなったのである。

一方、イスラム圏では西欧的な意味での宗教改革はなかった。古代ギリシャで発達した合理的理性の観念を信奉し、それが宗教改革の原動力になった西欧と異なり、そのもとの意味が「神に身を委《ゆだ》ねる」であるようにイスラムではすべてが神の権威のもとにある。

たとえば、近代以降のキリスト教圏では聖書の記述を歴史的、科学的に検証することがさかんになった。これは神の啓示を人間の理性で確認する試みといえる。

ところが、イスラム圏で同様の動きはない。つまり、コーランはそのまま受け入れるべきものなのである。これは人間の理性が完全なものと認められないためで、良くいえば謙虚であり、悪くいえば不自由である。

コーランに反したカリフを殺害した宗派

ただし、その枠内でイスラムにもやはり、表面的、形式的に教義に従うのではなく、信仰の内面化（自らの良心と教義の一致）をめざす動きがあり、そこには大きく３つのタイプがあった。

第一に、信徒の言動がコーランと矛盾《むじゅん》する場合、周囲の状況にかかわらず、あくまでコーランを優先させようとする。この立場は、コーランの前の信徒の平等を強調し、そこで書かれたとおりの行動を求めるもので、近代初頭のキリスト教圏のピューリタン（清教徒）に近い。

その典型例は、６６１年に第四代カリフのアリーを暗殺したハワーリジュ派である。その直前にアリーは、第三代カリフだったウスマーンの従兄弟ムアーウィアとカリフ位を争ったが、戦闘が長期化したことで、和平調停会議の開催を決めていた。アリーを支持して戦っていたハワーリジュ派がアリーを暗殺した理由は、「コーランに反して敵と妥協《だきょう》した」だった。この教条的、非妥協的な態度は、現代の過激派にも通じる（59参照）。

積極的に布教しない宗派

第二に、純粋な信仰心を内面にとどめて周囲との軋轢《あつれき》を避け、外部に強いて信仰を求めず、非ムスリムにも積極的に布教しないタイプである。これはいわば西欧の世俗主義（政治や政府が宗教から独立していなければならないとする考え方）に近い立場だが、自らの信仰を「隠す」ことは、少なくともアラブ圏では「正統」とみなされにくいものである。

このタイプの典型例は、ハワーリジュ派の一派のイバード派である。ハワーリジュ派は異端とされてアラブ圏で広がらなかったが、現世の腐敗を糾弾《きゅうだん》し、信徒の平等を強調するその主張は、「ムスリムの平等」を謳《うた》いながらもアラブ人に支配されていた北アフリカのベルベル人をとらえた。なかでも信仰を内面にとどめるイバード派は北アフリカ一帯に広がり、これによってベルベル人は布教ぬきで異教徒との交易を活性化させた。これは江戸時代、布教に熱心でないプロテスタント国オランダが長崎・出島での交易を認められたことに通じる。

第三に、あくまで全ムスリムがコーランの教えに従うべきととらえながらも、個々人の内面に強いて踏み込まないタイプである。つまり、明確にコーランやイスラム法に反しないかぎり、そのムスリムが不信仰かどうかの判断は、最後の審判の日に神がおこなうものととらえるのである。

ハワーリジュ派が追われた当時のアラブ圏で力をもったムルジア派と呼ばれる学派は、その典型である。ムルジア派は、カリフを世襲とするウマイヤ朝を擁護《ようご》したことで知られる。

コーランやハディースに従ってさえいれば、誰が為政者でも問題ない。仮に為政者が不信仰者だったとしても、それは神のみぞ知るところで、人間が判断できることではない。

こうして現実を受け入れることで、いわばムルジア派は内面に立ち入った争いを回避したのである。

この考え方は現代の多くのアラブ諸国でも受け継がれており、イスラムなりの信仰の内面化を代表する立場といえる。

15 一神教だが「唯一の解釈」がないイスラム

カリフは教義の解釈をおこなわない

イスラムとキリスト教は同じ一神教でも、教義以外にも多くの違いをもつ。たとえば、キリスト教も多くの宗派に分かれているが、そのうち最大のカトリックの場合、ローマ法王を頂点とするピラミッド状の強固な組織のもとで、教義は厳格にコントロールされる。

中世以来、バチカンと異なる教説を説いた聖職者は職を剝奪《はくだつ》されてきた。国際政治学の祖といわれる英国の哲学者エドワード・カーによると、「……カトリック教会は、史上で初めて検閲制と宣伝組織とをつくり出した。中世の教会が最初の全体主義国家であったことは、近時の一史家の所見において重視されている点である」。

これと比較すると、イスラムには、教義を一元的にコントロールする宗教的権威はない。ムハンマドの代理人を意味するカリフはローマ法王としばしば比較される。しかし、カリフはイスラム法の執行者で、ローマ法王と異なり教義の解釈などをおこなう宗教的権威はなかった。そのうえ、オスマン帝国の滅亡とトルコ共和国の成立（21参照）にともない、1924年にカリフ制は名実ともに廃止されている。

イスラム法学者によって教説に違いが生まれる

これに加えて、キリスト教と比べて、イスラムでは聖職者ごとの教義の解釈の余地が大きい。それは、聖職者の位置づけの違いによる。イスラムの聖職者はイスラム法学者（ウラマー）と呼ばれ、カリフ制の時代から、コーランにもとづく立法と、政策や裁判をイスラム法の観点からみて適当かを判断する権限を委《ゆだ》ねられてきた（16参照）。

ただし、便宜《べんぎ》的に「聖職者」と呼んだが、イスラムではそもそも「聖－俗」の区別がない。イスラム法学者にも一般信者と同様に妻帯が認められており、たとえば1979年のイラン・イスラム革命（20参照）を指導したルーホッラー・ホメイニは妻とのあいだに5人の子どもをもうけている。「在家《ざいけ》主義」がイスラムの一つの特徴なのである。

これは「神の前の平等」を説く平等主義に由来する。教義に深い造詣《ぞうけい》をもつと認められるイスラム法学者は敬意の対象になるが、キリスト教の聖職者のように信者の罪を祓《はら》い清めたり、その赦《ゆる》しを神にとりなしたりして、人間の救済に直接関わることはできない。それらはあくまで個々の信者が自らおこなうことなのであり、その点でイスラム法学者と一般信者とのあいだに区別はない。

神と一人ひとりの信者との直接的な結びつきを重視する点で、イスラムは個人主義的ともいえる。

この背景のもと、特にムスリム人口の９割を占めるスンニ派では、全体に共通するイスラム法学者の位階すらほとんど発達しなかった。

イランなどに多いシーア派ではイスラム法学者に３つの位階があり、その権威は総じてスンニ派より高い（⓬参照）。しかし、その最高位にあるマルジャーと呼ばれる最高権威は、同時代に複数が並立する時代が長くつづいた。カトリック教会のように教義の裁定者がいないため、イスラム法学者によって教説に違いが生まれることは、いわば当然である。

多くの人に同意される意見が正しい

伝統的なイスラム社会では、教説の正否は、最終的にはどの主張がより多くの人々によって受け入れられるかで決まっていた。多くの人に同意される意見が尊重されることは、イスラム布教当時のアラブ遊牧民にとってなじみやすいものだった。

広場など公衆の目前でおこなわれたイスラム法学者らの議論の積み重ねの結果、たとえばスンニ派では９世紀初頭までに現代につながる４つの正統学派が成立したが、これらいずれもが「正統」とみなされることは、やはり一元的な解釈がないことを示す。

もちろん、イスラムにも「異端」とみなされる立場がある。第四代カリフを暗殺したハワーリジュ派（⓮参照）は、その典型である。

ただし、その認定もカトリック教会のように一元的におこなわれるものでなく、「多くの人がそれに同意するか」が最終的な基準であった。聖人崇拝の要素が強いシーア派はスンニ派から異端とみなされるが、シーア派が多い地域では異端ではない。

一元的な教義がなく、「教義をどのように受け入れるか」の違いを吸収しながら、一本の束《たば》のようになって普及したことは、逆説的にイスラムの普遍性を示すといえる。

16 コーランを解釈するとはどういうことか

イスラム法学者が神の意志と現実問題を橋渡し

政治と宗教が不可分のイスラムでは、地上における神の代理人としての人間が、神の意志に沿った社会をつくることが重視される。そのために必要なのが、聖典コーランにもとづく「イスラム法」である。

イスラム法に従うことは、神に服従することである。だから、形式的に従うだけでなく、個人の良心や信条を含めて、全面的に従わなければならない。

特にコーランで刑罰が定められている姦通《かんつう》や追いはぎなどの罪（10参照）を犯したものは、この世で処刑されるだけでなく、「地獄《じごく》に落ちる」ことになる。

ただし、コーランにはいくつかの罪の処罰について規定があるが、それはむしろ例外的で、世の中のほとんどの問題に、コーランは直接的に答えてくれない。

そのなかでイスラムにふさわしい社会をつくるためには、コーランやムハンマドの言行録ハディースを読み、現実の問題に照らしてその意味を解釈し、そこから「あるべき解答」を導き出すしかない。

こうしてできたイスラム法は、コーランで刑罰が定められているものをのぞき、イスラム法学者の解釈を積み重ねた不文法（文章による表現がなされていない法）である。その結果、ケース・バイ・ケースの対応になることが多い。

ムスリムに音楽は許されるか？

たとえば、ムスリムは「異教徒が製作した衛星放送の番組を観てよいか」。コーランには「知識を求めよ。中国までも」とある。これに照らせば、まったく問題ないように映る。実際、イスラム圏のほとんどの国で衛星放送はすでに導入されている。

しかし、チャンネルや番組によっては、放送が禁止されることもある。たとえば、両性の平等を当然のものとしてつくられた番組は、教養番組や映画、ポルノにいたるまで、コーランで強調される「女性は慎《つつし》み深くすること」に反すると解釈されて禁止されることがある。

また、タリバン政権下のアフガニスタン（36参照）では、テレビ放送そのものが、コーランで禁じられた偶像崇拝や、ハディースで禁じられた「噂《うわさ》を広めたり、多くの質問をしたり」することにあたると解釈されて禁じられた。ただし、ここまで狭《せま》い解釈は、現代のイスラム社会では一般的でない。

もう一つ例をあげると、ムスリムに「音楽は許されるか」。タリバン政権は音楽を全面的に禁止し、ボコ・ハラム（60参照）も音楽を「西洋の陰謀」とみなしている。これらはおもに「性的に奔放《ほんぽう》で、華美に飾り、飲酒し、楽器を使うことを認め、怠《なま》ける者を神は許さない」というハディースの教えにもとづく。これは当時のアラビア半島で広くみられた、毎夜遊びまわる享楽《きょうらく》的なライフスタイルを戒《いまし》めたものと考えられる。

ただし、これもやはり、全面的に禁止するような厳格な解釈は稀《まれ》である。ハディースには「信者が結婚式でドラムを叩《たた》き、歌うことをムハンマドが許した」という内容もある。

これを踏まえて、現代のほとんどのイスラム諸国ではドラムや歌が認められており、情報機器を通じて外国から音楽が入ってきていることも、事実上黙認《もくにん》されることが多い。いかに政教一致を旨とするイスラム法といえども、支配される側の欲求や不満を全面的に抑えつけるだけでは、反感を買うだけなのである。

レディー・ガガ公演は中止に

しかし、全面的に音楽が認められるわけではない。現代の欧米諸国のアーティストには肌の露出度が高く、精神を「むやみに」高揚《こうよう》させるものも少なくないため、これらがコーランやハディースにある「女性の慎み」や「浪費の戒め」にそぐわないと判断されることもある。

2012年、比較的穏健なイスラム国家であるインドネシアで、米国の歌手レディー・ガガの公演が中止されたことは、おもにこの解釈にもとづく抗議活動や脅迫《きょうはく》による。

このように、コーランやハディースには相反する内容があることもめずらしくなく、それらに照らしてイスラム法学者たちは神の意志を類推せざるをえない。同じ問題に関しても複数の解釈が成り立つことは、むしろ当然といえる。

しかし、その解釈は無制限におこなえるのではなく、先進国で一般的な「表現の自由」も無条件に認められるわけではないのである。

17 イスラムの教義をどのように政治や社会に反映させるのか

その政策はイスラム法に適うかを判断

コーランやイスラム法を解釈し、それにもとづいて現実を判断する権限は、イスラム法学者に独占されている。最初のイスラム王朝であるウマイヤ朝の時代から、イスラム法学者として修業を積んだ者は、裁判官、神学校の教師、モスクの管理人や礼拝の指導者などとしても、大きな影響力をもつようになった。

現代でも多くのイスラム諸国で、権威があると認められる上級イスラム法学者は知の番人として、政府の政策や社会のあり方がイスラム法に適《かな》うかの判断を下している。

既成事実にイスラム法のお墨付きも

こうして政治と密接な関係をもつことで、時代にかかわらず、イスラム法学者は大きく二つの、しかも相反する課題をつねに抱えてきたといえる。

まず、彼らは聖法の番人として、為政者や社会がイスラムから逸脱するのを防ぎ、あくまでイスラムの理想の実現をめざさなければならない。しかし、理想と現実が必ずしも一致しないのは人の世の常であるため、既成事実をイスラム法的に追認することもまた、イスラム法学者の仕事となる。

どちらを優先させるかは、イスラム法学者によって異なる。イスラム圏ではカトリック教会のように教義の裁定者がいない（15参照）ため、説法は比較的自由で、イスラム法学者によって法判断が異なることも多い。また、明確な位階制がないため、イスラム法学者の権威や教説は人々がそれを支持するか否《いな》かで決まるところが大きい。その意味では民主的である。

高額商品のクイズ番組は是か非か

一例をあげよう。2001年、エジプトの上級イスラム法学者の一人は、当時国内で人気のあった、勝者に高額の賞金が出るクイズ番組が「賭博《とばく》を禁じたコーランに反する」という法判断を下した。しかし、別の上級イスラム法学者はこの番組が「知識を求めよ」というコーランの教義に適っていると擁護《ようご》した。

結局、この番組は存続したが、これは「多くの視聴者に好まれている」という既成事実に沿った見解のほうが社会の多数派や政府に支持された結果といえる。

ただし、民主的であることは逆に、政府に近い上級イスラム法学者が多くのムスリムに不人気な既成事実や政府の政策を擁護しつづける場合、不満を鬱積《うっせき》させやすくする。

2014年8月、イスラエル軍のガザ地区侵攻を受けて、サウジアラビアでパレスチナ支持のデモが発生した。これに対して、同国の上級イスラム法学者の一人はデモがコーランで禁じられる「扇《せん》動《どう》」にあたるという法判断を下し、代わりにパレスチナ人を支援するための献金を勧めた。

これは「パレスチナ解放」（イスラエルの支配下にあるパレスチナを解放すること）を叫びながらもイスラエルとの衝突《しょうとつ》を避け、資金協力以上の関与を控えてきたサウジアラビア政府の方針（47参照）を容認するもので、国益に適った現実的な判断といえる。しかし、これが多くのムスリムに反イスラエル感情の発現を封じるものだったこともまた確かである。

過激派予備軍を生む説法も

特に近年では、一般ムスリムのあいだに反欧米感情が鬱積している（43参照）。そのなかで外交的に欧米諸国と友好的な政府に近い上級イスラム法学者ほど既成事実を容認しがちで、下級イスラム法学者ほど現状に批判的という二極分化の傾向がある。

若い下級イスラム法学者ほど、教説の正当性を左右する一般信者の支持から超然としていられない。そして、イスラム法学者の説法は比較的自由である。こうして、若い下級イスラム法学者ほど政府や欧米諸国に批判的な説法をおこないがちで、それは過激派予備軍を育成する土壌《どじょう》となるのである。

そのため、イスラム法学者を規制する動きもある。たとえば、サウジアラビアでは２０１０年、イスラム法判断を発せられるイスラム法学者が、国王が選任する最高イスラム法学者会議のメンバーだけに限定された。これは政府への批判や過激派の台頭を抑制するものといえる。

伝統的なイスラム社会では国家権力がイスラム法学者の教説に介入《かいにゅう》することはなかったため、政府のイスラム規制はさらなる不満を呼ぶ悪循環になりうる。したがって、多くのイスラム諸国政府は、イスラム法学者の教説に直接介入することを避けながら、他方で過激な主張が出るのを防ぐという、相反する二重の課題に直面しているのである。

18 イスラム圏のさまざまな「国のかたち」

スンニ派の君主制国家

他の地域と同様に、イスラム圏でも国ごとにさまざまな政治体制がある。これらは各国の歴史だけでなく、主流となる宗派や経済構造によっても決まってくる。

まず、君主制国家をみていこう。君主制国家には、立法権をそなえた議会のない専制君主制と、少なくとも形式的には議会のある立憲君主制がある。前者にはサウジアラビア、ＵＡＥ、カタールなどが、後者にはヨルダン、モロッコ、マレーシア、ブルネイなどが含まれる。これらはいずれも、スンニ派の国である。

スンニ派はイスラム法の根拠として、コーランに次いでムハンマドのスンニ（慣行）を重視する（12参照）。スンニ派の考え方では、コーランやスンニにもとづく信仰と社会が成立すれば、為政者が誰であるかは問題ではない。

この論理によって、イスラム初の世襲王朝であるウマイヤ朝の成立は正当化されたが、「本場」アラビア半島に専制君主制国家が目立つことは、いわばスンニ派の伝統的な国家観を反映したものといえる。

ただし、ペルシャ湾岸に専制君主制国家が目立つ背景には、豊富な石油収入もある。大産油国ほど、国民に物質的な満足感を与えやすく、これが政治的に不自由な体制の存続を可能にしている（35参照）。この観点からすれば、議会などをそなえた立憲君主制国家に、ペルシャ湾岸の大産油国以外の国が多いことは不思議ではない。

しかし、議会制度などの機能は国によって差がある。マレーシアでは、インド系や中国系などが経済力をにぎり、民族構成が複雑で、その一方で天然資源に依存した経済でもないこともあって、議会制民主主義が段階的に根づいてきている。一方、人口規模が小さく、石油と天然ガスの収入が財政のほとんどを占めるブルネイでは、国王が首相を兼務しており、実質的には専制君主制国家に近い。

イスラム共和制と世俗の共和制

これに対して、シーア派の中心地であるイランは、1979年のイスラム革命以来、イスラム法学者である最高指導者が大統領や議会を監督するイスラム共和制のもとにある（20参照）。これはイスラム法学者の権威が高いシーア派に特徴的な体制で、革命後のイランは周辺国に「革命の輸出」を試みてきた。

ただし、イスラム圏全体でシーア派人口が少ないこともあり、イスラム共和制の樹立をめざす動きは、1982年にイスラエルが侵攻したレバノンで結成された過激派組織ヒズボラ以外には、広がりをみせていない。

人口の多数派がスンニ派であれシーア派であれ、イスラム圏のほとんどの国は世俗の大統領などに率いられる共和制である。そのなかには、独立段階から共和制の国と、独立後に君主制を打倒して生まれた共和制の国がある。

このうち、前者には、旧宗主国フランスの影響で世俗的な志向が強かった指導者のもとで独立したシリア、レバノン、アルジェリア、チュニジアや、ソ連崩壊で生まれながらも旧共産党関係者がいまだに実権をにぎる中央アジア諸国などが含まれる。

一方、後者にはエジプト、リビア、イラク、イエメンなどが含まれる。これらでは1952年のエジプト革命を皮切りに、世俗的なアラブ民族主義（30参照）やそこから派生したアラブ社会主義（38参照）に影響を受けた勢力により、君主制が相次いで打倒された。

なかでもエジプトは、アラブ民族主義のリーダーとして、１９６２年のイエメン革命で共和派を支援し、国王派を支持するサウジアラビアなど君主制国家と対立した経験をもつ。そのため、君主制国家とのあいだにはいまだに緊張関係がある。

軍事政権も多い

これら世俗的な体制の国には、民族・部族対立を抑え込み、政府主導で近代化を推し進めようとする、事実上の軍事政権が少なくない。しかし、それでもエジプトのように、政府の決定にイスラム法学者が法判断を下す国家機関（22参照）を設ける国はめずらしくない。

１９７０年代半ば以降、イスラムの影響力が増してくるなか、たとえ為政者自身が世俗的で、イスラム勢力を脅威《きょうい》とみなしていても、イスラムの用語や論理で体制や政策を正当化せざるをえない点では、サウジアラビアなどの専制君主国家と共通する。

19 厳格なイスラムの国１　サウジアラビア（スンニ派）

サウード家に支配される君主制国家

国によって「イスラム度」は異なり、イスラムの教義に厳格な国と、それがゆるやかな国がある

（2参照）。以下では、厳格なイスラム国家の代表例として、サウジアラビアをみてみよう。

アラビア半島の大部分を占めるサウジアラビアは、メッカとメディナという「二聖都の守護者」をもって任じる、イスラムのなかでもスンニ派の盟主である。

国名が「サウード家のアラブ」を意味するとおり、サウード王家に支配される君主制国家で、議会や選挙はなく、統治は国王に委《ゆだ》ねられている。つまり、世俗の国王に支配される専制君主制国家なのだが、それでもサウジアラビアが厳格なイスラム国家であるのは、その成立に由来する。

サウジアラビアのルーツは、18世紀半ばにアラビア半島内陸部で生まれた、ワッハーブ派の復興運動にさかのぼる。当時、オスマン帝国はヨーロッパ列強の前に敗退をつづけていた（31参照）。いわゆる「西洋の衝撃」を前に、それまでトルコ人中心のオスマン帝国に従っていたアラブ人たちのあいだには、危機感が充満した。

イスラム世界を立て直すためには、純粋なイスラムの教義に立ち返る必要がある。この問題意識のもと、当時イスラム社会の各地で生まれていた復興運動の一つがワッハーブ派であった。

ワッハーブ派の中心となったイスラム法学者イブン・アブドゥル・ワッハーブは、遊牧民の名門サウード家の軍事的庇護《ひご》を受けて勢力を広げた。広大な砂漠《さばく》で、まだ油田が発見されていなかったため、アラビア半島内陸部には列強の手はおよびにくかった。

そのなかでワッハーブ派の攻撃対象は、おもに他のイスラム勢力であった。シーア派の聖人崇拝《すうはい》を批判し、１８０２年にはカルバラー（13参照）のフサイン廟《びょう》を破壊したことは、その象徴である。イスラムからの逸脱とみなすものへの敵対心は、現代の過激派を思い起こさせる。

しかし、その過激さは当時のイスラムの盟主オスマン帝国の警戒《けいかい》を招き、他のイスラム諸勢力とも衝突をくり返すことになった。

そのなかでサウード家は最終的に、第一次世界大戦後のオスマン帝国崩壊にともなう混乱に乗じ、１９２４年にムハンマドの子孫ハーシム家からメッカを奪《うば》い、イスラム世界の中心地における勢力を確定させたうえで、１９３２年にサウジアラビア王国の独立を宣言したのである。

預言者の末裔《まつえい》すら特別扱いしなかったところに、聖人崇拝を認めないスンニ派の復興運動であるワッハーブ派の厳格さを見いだせる。現在のヨルダン王家はハーシム家だが、この経緯から両国関係は必ずしも良好とはいえない。

女性が自動車の運転を禁じられている唯一の国

さて、この建国の経緯から、サウジアラビアではワッハーブ派が国教となっている。イスラム法が厳格に適用されており、姦通《かんつう》などは死刑の対象である。また、サウジアラビアは世界で唯一《ゆいいつ》、女性が自動車の運転を禁じられている国だが、これもコーランの厳格な解釈にもとづく。

ただし、イスラム法学者でない国王には、イスラム法を判断することができない。そこで国王のもとには「最高イスラム法学者会議」が設けられており、ここで政府の政策や社会の出来事に、イスラム法にもとづく判断が下される。ここでの法判断は政府から発表されるほか、メディアでも報じられる。

2001年に日本のアニメ『ポケットモンスター』が「動物が進化することはコーランの教えに反する」という法判断で放送を中止されたことは有名である。

G20にも参加するスンニ派の盟主

ところで、1938年に油田が発見されたサウジアラビアは、世界一の産油国でもある。「二聖都の守護者」であり、同時に世界の原油価格を左右する力をもつことで、その国際的な影響力は大きい。さらに、世襲の王政を容認しているように、現実を受け入れる傾向も強く、米国とは経済、安全保障の両面で協力関係をもっている（69参照）。

その影響力の大きさと、穏健派とも呼ばれるその外交姿勢から、2008年のリーマンショックに端を発する世界金融危機後に発足《ほっそく》したG20（金融世界経済に関する首脳会合）に、インドネシア、トルコとともに、イスラム圏の新興国の代表として参加している。サウジアラビアは名実ともにスンニ派の厳格なイスラム国家を代表しているといえる。

20 厳格なイスラムの国2　イラン（シーア派）

イスラム法学者が統治する国

厳格なイスラム国家のうち、サウジアラビアがスンニ派の中心であるなら、イランはシーア派を代表する。しかし、どちらもイスラムにもとづいた国だが、宗派だけでなく体制も大きく異なる。

イランでは1979年のイスラム革命以来、選挙で選出された大統領や議員が行政、立法をになう共和制のもとにある。しかし、イスラム法学者のなかから選ばれる最高指導者は、これらの上にある。つまり、大統領命令や議会の法案は、最高指導者に「イスラム法にそぐわない」と判断された場合、無効になるのである。「イスラム法学者の統治」と呼ばれるこの体制は、世俗の国王を最高権力者に戴《いただ》くサウジアラビアとは対照的で、イランの歴史が結実したものといえる。

ペルシャのイスラム化

イランの歴史は、紀元前550年に誕生し、古代ギリシャと地中海の覇権《はけん》を争ったことで知られるアケメネス朝ペルシャにさかのぼる。さらに、3世紀にはビザンツ帝国とやはり地中海の交易《こうえき》権を争い、シルクロードの要衝《ようしょう》ともなったササン朝ペルシャが成立した。

こうしてペルシャは、東西文明を吸収した独自の文明を発達させたのである。

しかし、7世紀に侵攻してきたイスラム軍によりササン朝は滅亡し、段階的にイスラム化が進むなか、ペルシャ人は征服者であるアラブ人の風下《かざしも》に立たされることになった。

高度な文明を誇ったペルシャ人にとって、イスラムは受け入れるにせよ、遊牧民アラブの影響下に置かれることは、大きな屈辱《くつじょく》だった。これがアラブで多数派のスンニ派と異なるシーア派がペルシャで普及した土壌になったといえる（13参照）。

イラン・ナショナリズムの動き

シーア派は預言者の特別な資質が、ムハンマドの血統を通じて各時代に一人の後継者（イマーム）に伝えられるととらえる。歴史上の誰をイマームとするかでシーア派も細かく分かれるが、現在のイランの国教である十二イマーム派では、歴史上最後のイマームは死んだのではなく「隠れた」のであり、最後の審判の日に再臨するが、それまでこの世のことはイスラム法に通じたイスラム法学者に託されるととらえる。この考え方からすると、イスラム法学者の権威が高くなることは不思議ではない。

ところが、最後の王朝であるパフラヴィ朝（1925〜79）のもとで、イスラムは影響力を削《そ》がれることになった。西洋列強の脅威《きょうい》に直面するなか、シャー（国王）は経済、軍事の近代化を進め、そのなかでイスラム伝播《でんぱ》以前の歴史にもとづくイラン・ナショナリズムが称揚《しょうよう》されたのである。英語名のペルシャが固有名のイランに改められたのも、この頃である。

第二次世界大戦後はソ連に対する防波堤として米国と同盟関係をもち、その助言に沿って農地改革などがシャー主導で進められた。しかし、その一方でシャーの専制支配が強化されてイスラム法学者は政治から遠ざけられ、さらにはイスラエルとも国交が結ばれた。

その結果、シャーは専制と脱イスラム化の両面で批判の対象となったのである。

ホメイニのイスラム革命

そこに発生したのが、1973～74年の石油危機（34参照）だった。これをきっかけにインフレが進むなか、ストなどが頻発《ひんぱつ》し、政府がこれに武力鎮圧で臨《のぞ》んだことで、混乱は全土におよんだ。

結局、シャーは米国に亡命し、これと入れ違いに亡命先のパリから15年ぶりに帰国したのが、反体制運動の中心にあったイスラム法学者ルーホッラー・ホメイニだった。

その指導のもとで樹立された現在のイスラム共和制は、イスラム法学者に高い権威を認めるシーア派の考え方に合致すると同時に、シャーの世俗的な専制支配への反動でもあった。

その後、イランはイスラエルとの国交を断絶し、さらにシャーに与《くみ》した米国とも敵対関係にある。

イスラム体制そのものを批判しないかぎり、政府に批判的な言論もある程度許容されているが、イスラムによる社会生活への規制は厳格で、2002年には音楽の禁止（16参照）を徹底すべきという法判断が出されている。その厳格さは、宗派、政治体制、民族、外交方針に違いはあっても、サウジアラビアと同様といえる。

21 世俗主義の国　トルコ

イスラム法が施行されていない国

現代ではムスリムが人口の大半を占めていても、イスラム法が施行されず、人定法が用いられる国もある（2参照）。それはイスラムに特別な地位が認められず、国家として世俗化していることを意味する。その典型例として、トルコをあげよう。

トルコ国民の大半はムスリムである。しかし、憲法では国教が定められておらず、イスラム法は施行されていない。また、ムスリム女性の象徴であるスカーフも、長く公共の場では禁止されていた。つまり、トルコではイスラムは社会を律するルールではなく、個人の内面にとどめるべき宗教と扱われるのである。イスラエルを含めた中東・北アフリカではめずらしい世俗主義には、トルコの歴史が深く係わっている。

オスマン帝国をつくったトルコ人

もともとトルコ人は遊牧騎馬民族で、5世紀頃までには地中海東岸から中国北西部にいたる広大な領域に生活圏を広げていた。その多くは7世紀以降にイスラム化したが、その戦闘能力の高さから、

9世紀頃からアラブ系王朝の軍人として台頭しはじめ、やがてアラブ人を従える王朝を打ち立てるようになった。最後のイスラム帝国であるオスマン帝国（31参照）は、トルコ人がイスラム世界の中心になったことを示す象徴だったのである。

しかし、16世紀には西欧と五分《ごぶ》に渡り合ったオスマン帝国も、18世紀頃から西欧列強の侵出の標的とされ、戦争で敗北を重ねはじめた。

これを受けてオスマン帝国は、改革派を中心に軍事、経済の両面での近代化に着手し、西欧的な官僚機構や学校制度なども整備され、1876年には憲法も公布され、翌1877年には帝国議会も召集された。一連の近代化は、しばしば明治期の日本とも比較される。ただし、この段階ではあくまでイスラムの政治的影響力の温存がはかられ、スルタンのアブデュルハミト2世が憲法の停止、議会の閉鎖（1878〜1908）に踏み切って抵抗するなど、その道のりは平坦ではなかった。

ケマル・アタテュルクの近代化と脱イスラム化

トルコが世俗主義に向かった決定的転機は、第一次世界大戦にあった。19世紀末から、オスマン帝国はおもな脅威《きょうい》だった英国やロシア帝国への対抗上、ドイツとの友好関係を深めていた。これにもとづき、第一次世界大戦にドイツ側に立って参戦したが、あえなく敗れた。

敗戦後の混乱のなかで、西欧式の教育を受け、戦前から「トルコ人」としての自覚にもとづく国家再建をめざしていた青年将校が台頭したことは、その後のトルコの行く末を決定づけたといえる。

オスマン帝国の軍人だったムスタファ・ケマル・アタテュルクを中心とする勢力は、1920年にアンカラに革命政権を打ち立て、1923年には共和制を宣言した。

その後、1924年にカリフ制が正式に廃止されたのを皮切りに、トルコではイスラムが政治から段階的に排除された。1925年、イスラム法廷が廃止され、政府の宗教局でイスラムに関わる事柄が管理されるようになった。

さらに1928年には憲法から「トルコ国家の宗教はイスラムである」という文言が削除され、アラビア語が排されてローマ字が採用された。こうして、トルコは中東・北アフリカで稀《まれ》な「世俗主義の国」になったのである。

その後、トルコではケマル個人を信奉する「ケマル主義」と呼ばれる理念の徹底がはかられ、そのもとで経済の近代化と議会制民主主義が段階的に発達した。しかし、この民主主義は、はからずもトルコにおけるイスラム復興を後押しすることになった。

ムスリム同胞団とイスラム復興

ケマル亡き後の第二次世界大戦後、トルコでは抑え込まれていたイスラム勢力が徐々に世俗主義を批判する声をあげはじめた。特に1980年代以降、市場経済化にともない格差が拡大するなか、その救済にあたっていたイスラム主義団体「ムスリム同胞団」（22参照）が支持を集めた。その後ムスリム同胞団は選挙に進出し、1991年に初めて議席を獲得《かくとく》した後、勢力を拡大させたのである。

これに対して、世俗主義の立場から危機感を抱いた軍や裁判所がしばしば介入したが、２００２年にはムスリム同胞団系列の公正発展党が内閣を発足させ、２０１０年に大学など公《おおやけ》の場で女性がスカーフで髪を隠すことが認められるなど、トルコではイスラム復興が加速している。トルコの世俗主義は、大きな曲がり角にあるといえる。

22 イスラムと世俗の中間の国　エジプト

イスラムと近代化を融合させた体制

ほとんどのイスラム圏の諸国は、厳格なイスラム国家でも世俗主義の国でもなく、多かれ少なかれ、イスラムと近代化を融合させた体制を築いてきた。エジプトは、その代表格である。

エジプトでは憲法でイスラムが国教に定められているが、世俗的な大統領が国家元首《げんしゅ》である。また、政府機関として「ファトワー庁」があり、上級イスラム法学者がいわば公務員として、政府の決定にイスラム法の観点からみた判断（ファトワー）を下している。

しかし、イスラム法は全面的には施行されておらず、民法分野に限定される。つまり、エジプトはイスラム国家と世俗主義の国の中間にある。

ただし、これは世俗勢力とイスラム勢力の協力関係を示すものではない。むしろ、この折衷《せっちゅう》的な体制は、世俗的な為政者に対してイスラム勢力から不満が噴出するのを抑えるためのものである。

オスマン帝国からの自立をめざす

エジプトの脱イスラム化は、ムハンマド・アリー朝（１８０５〜１９５３）にさかのぼる。ナポレオンによるエジプト占領（１７９８〜１８０１）の混乱を収拾するため、オスマン帝国はマケドニア出身の軍人ムハンマド・アリーを派遣した。

しかし、１８０５年にエジプト総督《そうとく》に任命されたムハンマド・アリーは、農地の国有化、農産物の専売制、西洋式軍隊の創設と宗派にとらわれない徴兵制の実施といった改革を進めるなか、オスマン帝国からの自立をめざしはじめたのである。

「西洋の衝撃」に直面するなか、ムハンマド・アリーは旧弊《きゅうへい》から抜け切れないオスマン帝国に見切りをつけ、近代化に舵《かじ》を切ったわけだが、これがエジプト・ナショナリズムの源流になったといえる。

英国からの独立

しかし、その後エジプトは英国の支配を受け、これに対する反植民地主義の高まりのなかで、２つの系統の運動が生まれた。

まず、「エジプト人のためのエジプト」を掲げる民族主義勢力である。この勢力はワフド党に結集し、その抗議運動の過熱を受けて英国は１９２２年にエジプト独立を認め、翌年には議会も設置された。しかし、英国がスエズ運河の管理権などをにぎりつづけるなど、独立は名目にすぎなかったため、ワフド党は妥協《だきょう》的と批判されるようになった。

もう一方には、イスラム国家の樹立によって帝国主義勢力と対抗することをめざすイスラム勢力があった。なかでも１９２８年に設立されたムスリム同胞団は、あらゆるイスラム主義団体のルーツといわれる。

ムスリム同胞団は、英国の影響下で資本主義経済が普及し、貧富の格差が拡大するなか、救貧活動などを通じて支持を広げた。しかし、そのために逆に、英国だけでなくムハンマド・アリー朝からも弾圧されることになった。

こうして、世俗的な政府にイスラム勢力が抑え込まれる構図が生まれたのである。

ナセル、サダト、ムバラクの軍人大統領時代

この構図は、１９５２年に軍のクーデタでムハンマド・アリー朝が打倒された（エジプト革命）後も、基本的につづいた。このクーデタを率い、１９５６年に軍事力を背景に大統領に就任したガマール・アブドゥル＝ナセル（**30**参照）は、上級イスラム法学者を体制に取り込み、その支配をイスラム的に正当化する一方、旧体制派のワフド党とともに、ムスリム同胞団をも弾圧した。

イスラムに特別の配慮を示しながらも、世俗的な政府が実質的にこれを管理する体制は、こうして確立されたのである。

世俗的な軍人大統領に率いられる体制は、第二代アンワル・サダト（任1970〜81）、第三代ホスニー・ムバラク（任1981〜2011）に引き継がれたが、他のアラブ諸国に先駆けて世俗化が進んだ反動で、ムスリム同胞団などの穏健派だけでなくイスラム過激派の活動も活発化した。1981年にサダトがジハード団に暗殺（32参照）されたことは、その象徴である。

「アラブの春」以後

この体制は、2010年末からの「アラブの春」（41参照）でムバラク政権が崩壊し、2012年にムスリム同胞団系列の自由公正党が政権をにぎったことで一時中断された。

しかし、翌2013年のクーデタをへて翌2014年に、やはり軍出身のアブドゥルファッターハ・エルシーシが大統領に就任したことにより、エジプトは「アラブの春」以前の体制にほぼ戻ったといえる。エジプトは世俗勢力とイスラム勢力の対立がもっとも激しい国の一つなのである。

23 イスラムは女性を差別しているのか

女性抑圧か、女性保護か

イスラム圏と欧米諸国のあいだで頻繁《ひんぱん》にもちあがる問題の一つとして、人権、なかでも女性の権利に関するものがある。

コーランには「誰か気に入った女をめとるがよい。二人なり、三人なり、四人なり」とある。これはムハンマドの信徒共同体で、多神教徒との戦争で多数の戦死者が出た際、その未亡人を救済するためだったともいわれる。

実際には、全員を公平に扱わなければならないので、複数の妻をもてる男性は少ない。しかし、一夫多妻が認められること自体、欧米諸国からは「両性の平等」に反すると批判される。

その一方で、やはりコーランには「外部に出ている部分は仕方ないが、その他の美しいところは人に見せぬよう」にせよとある。そのため、ムスリム女性のあいだではヴェールで顔全体を覆ったり、スカーフで髪を隠したりすることが一般的である。

これもムハンマドの布教当時のアラビア半島で抗争が絶えず、女性が連れ去られるといったことが多かったため、その防御策《ぼうぎょ》だったともいわれる。

しかし、こういった教義により、服装だけでなく、夫や家族以外の男性との接触機会のある社会活動も制限される。世界銀行の統計によると、2010年段階で中東・北アフリカ平均の農業以外の分野における就労者に占める女性の比率は約19パーセントで、先進国平均の約47パーセントとは大きな差があった。

また、2014年段階の中東・北アフリカ平均の国会議員に占める女性の比率は約16パーセントで、先進国平均の約28パーセントと比較すると、その社会的発言力の小ささがうかがえる。早婚、割礼《かつれい》

（女性器切除）などの慣習も根強い。

これらを受けて欧米諸国からは「女性を抑圧している」という批判が絶えない。これに対して、イスラム諸国政府からはイスラムは「女性を守っている」という反論とともに、それぞれの文化を尊重すべきという主張が聞かれる。

イスラムでは一律に女性の権利が制限されるわけではない。コーランでは女性の遺産相続の権利や離婚後に男性が扶養《ふよう》義務を負うことなどが明記されている。

とはいえ、少なくとも女性が自らの意思で社会生活をいとなむことに制約が大きいことは確かで、この点が欧米諸国の批判の焦点である。そこには「個人が自らの一生を選択できる」という人権観念は普遍的なものであり、個別の文化の問題ではないという主張がある（62参照）。

この「人権対文化」の対立に日本政府はほとんど首を突っ込まないが、「女性」がイスラム圏と欧米諸国間の摩擦や不信感の一つの火種であることは確かである。

女子教育をめぐる対立

ただし、イスラム社会でも変化がないわけではない。イスラム社会では子どもの頃から女性の社会活動が制約され、かつては公教育の機会すら与えられないことが多かった。

しかし、やはり世界銀行の統計では、中東・北アフリカにおける初等・中等教育での男の子に対する女の子の比率は１９７０年の59パーセントから、２０１２年には約95パーセントにまで伸びている。

イスラム社会でも人権意識が徐々に広がるなか、成人女性の処遇《しょぐう》より女の子の就学のほうが、各国政府としても着手しやすいのかもしれない。

その一方で、女子教育はイスラム社会内部の対立にもなっている。2012年6月、パキスタンの上級イスラム法学者は女子教育がイスラムに反するという法判断を発した。教育を受ければ就労機会が増え、家族以外の男性と接触する機会が増えるという理由であった。

これに対して、別の上級イスラム法学者は、女子教育がコーランの「知識を求めよ」に適《かな》うと正反対の法判断を発した。

しかし同年10月、パキスタン・タリバン運動が女子教育の拡充を訴えていた中学生マララ・ユスフザイを銃撃して重傷を負わせた（60参照）ことは、先の法判断とともに、イスラム社会内部で女子教育が争点になったことを象徴した。

こうして、「女性」はイスラム社会と欧米諸国との衝突だけでなく、イスラム社会内部での対立の一つのメインテーマにもなっているのである。

24 イスラムは平和的な宗教か

イスラムによる平和（パクス・イスラミカ）

イスラム過激派の活動が注目を集めるにつれ、これと無縁のムスリムまでもが危険視されやすい状況は、多くの国で共通する。これに対して、多くのムスリムは「過激派は真のムスリムではない」「イスラムは平和の宗教」と強調する。はたして、イスラムは危険な宗教なのか、平和の宗教なのか。その宗教の「平和度」はおもに、その理想で実現される状態、布教や教義をめぐる暴力、そして異教徒との関係で測ることができるだろう。

このうち、まずイスラムの理想形からみていこう。多くのムスリムが社会の理想型とするのはムハンマドが率いた信徒共同体であり、これは当時のアラビア半島に安寧《あんねい》をもたらしたといえる。

当時、アラビア半島では諸部族が抗争をくり返していた。さらに、有力部族クライシュ族が支配するメッカでは、商業の発達とともに拝金主義が蔓延《まんえん》し、貧富の格差も大きく、モラルも退廃していた。

このようななかで登場したイスラムは、神に個々人が従うことを説くことで、個人を対立しあう部族の軛《くびき》から解き放ち、信者同士で助け合うことをうながした。こうしてアラビア半島で生まれた安寧は、「イスラムによる平和（パクス・イスラミカ）」と呼ばれる。この点からすると、イスラムは平和の宗教といえる。

布教や教義の争いが目立つ

次に、布教や教義をめぐる暴力に目を移すと、イスラム史にこれらが目立つことは確かである。特にムハンマド没後の「大征服」など初期のイスラム布教は軍事活動と結びつき、なかでもイスラムから不信仰者とみなされる多神教徒が多いインドや中国での戦争は凄惨《せいさん》を極めた。

また、カルバラー事件（13参照）やワッハーブ派によるフサイン廟《びょう》の破壊（19参照）など、教義をめぐるムスリム同士の争いも歴史に多くみられる。

公平を期していえば、これらはキリスト教を含め、多くの宗教に共通するものである。しかし、イスラムでは個人の救済と神の意志にもとづく社会の建設が強く結びついているため、布教や教義をめぐる争いがより政治的対立に連動しやすい。したがって、イスラムがつねに平和愛好的とはいえない。

異教徒との和平は実利的

最後に、異教徒との関係をみていこう。イスラムに征服された土地では、少なくとも「啓典《けいてん》の民」であるユダヤ教徒やキリスト教徒は、人頭《じんとう》税や地税を納めることで信仰が保障されていた。

それは、十字軍（40参照）による占領の一時期をのぞき、638年から第一次世界大戦中の1917年に英国に軍事占領されるまでイスラム勢力が支配した、三大一神教（ユダヤ教、キリスト教、イスラム）の聖地イェルサレムでも同様だった。それまでイェルサレムを含む地中海東岸地域では、ビザンツ帝国が異教徒にギリシャ正教への改宗を強要していたことと比べると、イスラムによる他の宗教や文化への干渉は、総じてゆるやかだったといえる。

また、イスラムはつねに異教徒の国と戦闘を繰り広げたわけではない。コーランは不信仰者との戦いを命じながらも、「しかしもちろん、多神教徒とて、汝《なんじ》らと協定を結んで少しも義務を怠《おこた》らず、また汝らに敵意をもつ人間はただの一人も援助したこともないような人たちは別とする」。つまり、多神教徒の国と和平協定を結ぶことを否定していないのである。

実際、６２８年にムハンマド自身も、敵対するメッカの多神教徒と10年の期間つきで和平協定を結んだことがある（フダイビヤの和議）。

ただし、イスラムの理解では、その和平協定がイスラム側の利益に反すると判断された場合、事前に敵に警告を送れば、それを破棄してもイスラム側にとっては問題がない。それは、ムハンマドがフダイビヤの和議を約2年で破り、その後メッカに侵攻した故事に由来する。

つまり、伝統的なイスラムの理解では、外部の異教徒との和平は基本的に契約にもとづく現実的な営《いとな》みであり、絶対に優先させるべき観念ではなかったといえる。

これらを踏まえれば、テロリストはともかく、少なくとも伝統的なイスラムの考え方は「格別に攻撃的でもなければ、とくに平和愛好的でもない」というイスラム学者の山内昌之《やまうちまさゆき》の説が正鵠《せいこく》を射ていると思われる。

25 ISはなぜ独立を宣言したのか

「イスラム国家の樹立」に集まる関心

２０１４年６月、過激派組織「イスラム国」（ＩＳ）は独立を宣言した。それ以前にも、タリバンのように一国を乗っ取る過激派や、コーカサス首長国（44参照）のように一国内部で独立を宣言する過激派はあったが、複数の国境にまたがる領域でのそれは前代未聞《みもん》である。なぜ、ＩＳは独立を宣言したのか。

ＩＳの指導者アブ・バクル・アル・バグダディの経歴は明確ではない。ＣＩＡなどの報告では、バグダードのイスラム大学でイスラム学を専攻したといわれる。

一方、イラク戦争後に国外に逃亡したイラクのタリク・ハシミ元副大統領は、バグダディがフセイン政権下でバアス党メンバーだったと証言している。イスラム主義者なのか、支持者を集めるためにそのふりをしているだけの世俗的なアラブ社会主義者なのかすら、判然としない。

しかし、バグダディの信仰心にかかわらず、組織の拡大再生産という観点からみたとき、ＩＳの「独立」は多くの宣伝効果を期待できる戦略といえる。穏健派と過激派とを問わず多くのイスラム主義者にとって、預言者ムハンマドに率いられた信徒共同体は社会の理想型である（59参照）。

つまり、ISの「イスラム国家の樹立」はアルカイダが呼びかけるグローバル反米ジハード（55参照）より、支持者予備軍の関心を集めやすい目標設定である。もちろん、拠点を定め、それを世界中にアピールすることで、神出鬼没《しんしゅつきぼつ》のアルカイダより、米国など外部からの攻撃を受けやすくなる。その意味ではリスキーだが、ISはそれを補ってあまりある宣伝効果を手にしたといえる。

「カリフ就任」でイスラム共同体イメージを再現

さらに、ISが「独立」をこれ以上なくイスラム的に演出したことは、その宣伝効果を高めた。その象徴は、独立宣言に合わせておこなわれた、バグダディのカリフ就任である。

バグダディによると、支持者によってカリフに選出されたという。その真偽《しんぎ》は問題ではない。ここで重要なことは「選出」を強調したことである。

カリフが選出されたのは、ムハンマド没後の初代アブー・バクルから第四代アリーまでの正統カリフ時代（13参照）に、ほぼ限定される。つまり、そこでは「信者に選出されたカリフが率いるイスラム共同体」という、原初のイスラム社会の再現イメージが強調されているのである。

もちろん、バグダディがイスラム社会、特にスンニ派にとっての最高権威である「カリフ」を名乗ることは、IS支持者以外のほとんどのムスリムから認められていない。

しかし、「カリフ制の復活」は支持者予備軍のリクルートの演出としては効果が大きい。のみならず、「イスラム国家の樹立」の宣言により、外部から攻撃を受けた場合、「異教徒の攻撃に対するイスラム共同体の防衛」として「ジハード」を正当化しやすくなる。

これに関連して、「領土拡張計画」をとりあげよう。２０１４年９月、ＩＳは「５年以内にスペイン南部から中国北西部にいたる領域に支配地域を広げる」と宣言した。指定された領域は、歴史上イスラム王朝が形成されたことがあるか、現在ムスリムが多数暮らす「イスラムの家」（37参照）をほぼ網羅《もうら》している。期限を区切っていることもあって、支持者予備軍の関心を集めやすいゴール設定といえる。

巧みな宣伝工作

このようにＩＳの独立宣言は、組織の拡大再生産という観点からみた場合、支持者予備軍への宣伝効果が大きい。支持者を集めることは、富裕層からは資金、それ以外からは戦闘員や補助要員としての人員という、組織の資源の確保につながる。実際、その独立宣言から約３ヵ月で、ＩＳには約80ヵ国から約１万５０００人の外国人戦闘員が集まった。

さらに、その規模の拡大は、旧アルカイダ系を含めて、パキスタン、エジプト、ナイジェリアなど各地の35組織が、約１年間に相次いでＩＳに支持もしくは忠誠を表明する原動力となった。ＩＳの傘《さん》下《か》に収まった組織は、それぞれの「州」を任される一方、石油収入が豊富なＩＳ（51参照）から資金協力を得ているとみられる。

ＩＳが最大のイスラム過激派組織になった大きな要因は、その宣伝工作の巧みさにあったといえる。

26 なぜイスラム過激派は黒旗を掲げるのか

アッバース朝の「革命」の黒旗

「イスラム国」(IS)やアルカイダに限らず、多くのイスラム過激派はウェブサイトなどで黒い旗をシンボルにしている。なぜ、黒なのか。日本人にはあまり見慣れない色の旗だが、イスラムの観点からみると、黒旗には大きな意味がある。

預言者ムハンマドの時代、イスラム社会ではシンプルな黒旗や白旗が用いられていた。しかし、その後の歴代王朝で黒旗はつねに掲げられたわけではない。

むしろ、イスラム史において黒旗は、体制の大きな転換をめざしたり、体制の不正を糾弾《きゅうだん》して武装蜂起《ほうき》したりする集団が掲げることが多かった。その典型例として、最初のイスラム王朝だったウマイヤ朝(661~750)を打倒したアッバース家の軍勢があげられる。

ムハンマド没後のイスラム共同体では、信者のなかからカリフが選ばれていた。この正統カリフ時代と異なり、ウマイヤ朝のもとでカリフは世襲制となり、そのために有力者が私腹を肥やすことも多かった。しかも、ウマイヤ家はムハンマドの布教に最後まで抵抗した豪族だった。

これらをイスラム共同体の堕落《だらく》と考え、特に批判的だったのは、ウマイヤ朝成立直後に反旗を翻《ひるがえ》して弾圧されたシーア派（13参照）や、「ムスリムの平等」の建前の下で差別的な扱いを受けていた非アラブ人ムスリムなどだった。

彼らはムハンマドの叔父の血筋にあたるアッバース家のムハンマド（預言者の従兄弟《いとこ》の孫）にイマーム（12参照）としての資質が受け継がれたと考え、その長子イブラーヒームを担ぎ出し、７４７年にウマイヤ家に反乱を起こしたのである。このとき、アッバース軍が掲げたのが黒旗だった。

ウマイヤ朝壊滅の後、イブラーヒームの弟アブー・アルアッバースが、正統カリフ時代の慣行にのっとってカリフに選任され、アッバース朝（７５０〜１２５８）が成立した。

このカリフ選任制はのちに廃止され、結局アッバース朝も世襲の王朝となったが、そのもとでアラブ人の優遇策は廃止され、非アラブ人ムスリムは人頭税を納める必要がなくなった。さらに、支配の根幹としてのイスラム法も大成された。

ウマイヤ朝からアッバース朝への転換は、イスラムを掲げながらもアラブ人が異民族を支配する帝国から、イスラムの教義のもとで民族にかかわらずムスリムが平等のメンバーとして扱われる帝国への転換だったのである。そのため、イスラム史では「革命」とも呼ばれる。

タリバンが黒旗を復活させた

アッバース革命以降、イスラム世界で「不信心で不公正な体制への抵抗」を強調する者は、しばしば黒旗を掲げて反乱をおこした。その攻撃対象はイスラムの為政者だけとは限らず、異教徒の場合もあった。スーダンで発生した「マフディーの乱」（1881〜99）は、その典型である。

当時スーダンは、近代化を進めていたムハンマド・アリー朝エジプト（22参照）に支配され、人々は重税にあえいでいた。そのなかから現れたムハンマド・アフマドは「マフディー」（イスラムの救世主）を自称し、ゲリラ戦を開始したのである。

マフディー軍に手を焼いたエジプト軍は、当時エジプトを経済的に支配しはじめていた英国に救援を求めた。しかし、中国の太平天国《たいへいてんごく》の乱の鎮圧で名を挙げたチャールズ・ゴードン少将まで戦死する事態に、英軍も一時撤収を余儀《よぎ》なくされたのである。このマフディー軍も、やはり黒旗を掲げていた。

このようにイスラム史に黒旗はしばしば登場するが、現代のイスラム過激派で最初にこれを用いたのはタリバンといわれる。アフガニスタンでも、シーア派のサファヴィー朝イランの支配に抵抗して成立したスンニ派のホタキ朝（1709〜38）が黒旗を用いていた。その伝統がパシュトゥーン人に残り、これを1990年代半ばにタリバンが復活させた。

その後、タリバンと友好関係にあるアルカイダも用いるようになった結果、黒地に神やムハンマドを讃《たた》える文言が白抜きで描かれる旗は、イスラム過激派のシンボルとなったのである。

これは現体制の不信心と不公正を糾弾し、イスラム社会内部で支持者を集めるためのものといえる。そのため、2014年8月にオランダでは公共の場で黒旗を掲げることが禁じられるなど、西欧諸国で規制の対象となりつつある。

27 イスラムは自由や民主主義を受け入れないのか

「イスラムとは絶対にわかり合えない」という考え方

2000年代以降、欧米諸国ではいわゆるネオコン（新保守主義者）を中心に「イスラム本質主義」と呼ばれる考え方が広がった。これは「イスラムは『本質的に』自由や民主主義といった価値観を受け入れない」、いい換えると「イスラムとは絶対にわかり合えない」という主張であり、そこには差別的なニュアンスが強い。

この背景には、欧米諸国が自由や民主主義の普遍性を強調してきたものの、イスラム圏でその普及が進まないことへの苛立《いらだ》ちがある（42参照）。さらに、この論調は対テロ戦争のなかで、敵‐味方の識別を明確にする側面もあった。

イスラムでは、近代西欧で発達した思想信条の自由などが無制限に認められにくい。「アラブの春」をへてもなお、イスラム諸国で民主化が進んでいないことも確かである。さらに、イスラム過激派による近代的なものへのテロ（61参照）を考えれば、欧米諸国の世論がイスラム本質主義に傾くことは不思議でない。

民主主義を拒絶しているわけではない

しかし、イスラム圏でも民主主義の理念は広がりはじめている。ピュー・リサーチ・センターの2003年の報告書によると、「民主主義は欧米のものか、ここでも機能するか」という問いに50パーセント以上の回答者が「ここでも機能する」と答えた国は、イスラム圏17ヵ国中16ヵ国にのぼった。この調査のタイミングが、イラク攻撃が秒読みに入り、それまでになく反米感情が高まっていた時期だったことを鑑《かんが》みれば、その結果は意味深長である。

もちろん、ムスリムの多くが欧米諸国と同じような社会を望んでいるとは限らない。同じ報告書によると、「メディアが検閲なしで報道できることは重要」と答えた回答者が50パーセント以上だった国は、11ヵ国中6ヵ国にとどまった。

この背景には、報道の自由がコーランで禁じられる「噂を広めること」に通じるだけでなく、反イスラム的なメッセージが流布《るふ》することへの警戒《けいかい》があるとみられる。この点で、イスラム社会は欧米諸国と異なる。

念のために補足すると、仮に将来的にイスラム諸国が民主化しても、それが最良の結果をもたらすとは誰にも保証できない。多数派に支えられる政権が排外主義的で、他の文化に敵対的な場合、それは民主的かもしれないが、他国からみて望ましくはない。

とはいえ、それはイスラム圏に限らない。また、多くのイスラム諸国で少数派が抑圧（7参照）され、それがテロの一因であることに鑑みれば、なんらかの方法で各集団が公的な意思決定に関わる仕組みは必要だろう。

むしろ、ここで強調すべきは、この調査結果が、少なくともイスラム社会が民主主義を一方的に拒絶しているわけではないと示すことである。さらに、イスラム圏で民主化が進まなかった一因に、欧米諸国がそれを容認したことがある（42参照）ことを考えれば、イスラム本質主義は一方的な見方といわざるをえない。

普遍主義を捨てて共通性を追求する

ハーバード大学教授サミュエル・ハンチントンは1996年に著した『文明の衝突』で、冷戦終結後の世界がイデオロギー間の対立から文明間の対立にシフトすると予見した。そのなかでは、中国文明とともにイスラム文明が西欧キリスト教文明のおもな対抗者としてあげられている。

しかし、ハンチントンは同書の末尾で「多文明的な世界にあって建設的な行きかたは、普遍主義を放棄して多様性を受け入れ、共通性を追求することである」とも述べている。米国の保守派を代表する一人であるハンチントンをして、「共通性の追求」を提起させたことは示唆《しさ》的である。それは闇雲に差異を強調することへの警鐘《けいしょう》といえる。

相手をほぼ全面的に拒絶する点では、イスラム過激派も人後に落ちない。しかし、穏健派のムスリムやイスラム法学者からは、イスラムにおける信者の平等や教義の多元性などの原則が民主主義に通じるという見解も聞かれる。

このように個別の文化と「普遍」とみなされるもののあいだに共通性を見いだし、それを積み重ねることで空虚《くうきょ》な普遍性は実体あるものになり、文明の共存は可能になるといえる。

第3章　イスラムをめぐる生と死の戦いの歴史

28 国家とは何か

国家の三要素「主権、領土、国民」

民族や文化を超えて伝わったイスラムは、国境を超えたネットワークを形成しているが、現代ではイスラム圏も国家に分断されている。そのため、イスラム圏でも国家間、国民間の対立や摩擦《まさつ》は稀《まれ》でない。

イスラム社会における国家の意味を考える前に、ここではまず「国家とは何か」という問題から考えよう。

ドイツの法学者ゲオルグ・イェリネックは国家の三要素として「主権、領土、国民」をあげた。これら三要素はいずれも近代西欧で生まれ、西欧列強が世界に侵出するなかで普及した概念といえる。

主権国家の誕生

三要素のうち、「至高の権力」を指す主権には、憲法の制定、国防、通貨発行などが含まれる。「国家が何者にも脅《おびや》かされない最高の権力をもつ」という考え方は、16世紀のフランスで確立された。これはローマ法王の法王権と世俗の王権の対立がつづいた西欧中世史の産物である。

中世の西欧では、カトリック教会を頂点とするピラミッド型の社会があった。これが崩れた決定的な転機は、三十年戦争（１６１８〜４８。ドイツを中心に欧州各国が参戦した宗教戦争）で結ばれたウェストファリア条約にあった。

カトリックとプロテスタントの宗派争いに端を発したこの戦争の決着にあたり、カトリック教会の守護者だった神聖ローマ皇帝は、帝国内の貴族がそれぞれの領邦内で宗派を自由に決定することを認めざるをえなかった。

これを契機に、国家を超えた存在はなく、各国は国内の事柄を自ら決定する権利をもつ、という観念が少しずつ形になっていったのである。

国民意識の醸成

主権国家の誕生は、人間の意識にも作用することになった。国境で分断されたことで、それまで「キリスト教徒」あるいは地域共同体の一員としての自覚しかなかった人々のあいだに、「国家の成員＝国民」意識が徐々に生まれていったのである。

ウェストファリア条約で独立を承認されたスイスでは、地域ごとにドイツ語、フランス語、イタリア語、ロマンシュ語の４つの公用語があるが、それでも「スイス人」として一体性をもつ。

つまり、「国民」は文化や民族を超えた一体性によって生まれるのである。その意味では、「国民」意識には差異を克服《こくふく》する力がある。

しかし、何の共通性もない人々が一体性をもつことはむずかしい。そのため、実際には「国民」の一体性が、優位な立場にある集団が少数派に対して同化を迫り、それを拒絶する者を排除して生まれることもめずらしくなかった。つまり、「国民」には差異を強調する側面もある。

国民を結びつける宗教

そして、文化的な違いを超えた近代的な「国民」概念は、宗教を核に成立することが一般的であった。現代フランスの哲学者ジャック・アタリは、コロンブスのアメリカ到達など歴史的大事件が集中的に発生した１４９２年を、近代西欧文明による世界制覇《せいは》への画期《かっき》とみなす。

この年、イベリア半島にあったイスラム勢力の最後の砦を陥落《かんらく》させ、中央集権化を進めていたスペイン国王は、ユダヤ教徒追放令を発した。中世以来、キリスト教圏でユダヤ人は「裏切り者の子孫」として差別を受けていたが、その迫害はスペイン追放以降、近代にむしろ激しくなったのである。

近代西欧では、政教分離の潮流とは裏腹に、暗黙《あんもく》のうちにキリスト教が国民の共通項に位置づけられたといえる。

イスラム社会においても、国民国家の観念が普及するなかで、「国民」としての自覚が「ムスリム」という共通性によって形成されることはめずらしくなかった。トルコの例をみてみよう。

オスマン帝国末期、近代化が推し進められて「トルコ人」意識が浮揚するなか、キリスト教徒のアルメニア人は迫害され、１９１５年には１００万人近くが虐殺《ぎゃくさつ》されたといわれる（現在のトルコ政府はこれを否定している）。また、世俗主義をめざすトルコ共和国の成立にあたって、ギリシャ正教徒はギリシャに送還された。

中世以来、イスラム圏はキリスト教圏より総じて異教徒に寛容だったが、近代国家が建設される過程で、これらは排除されたのである。そこには「国民」と「ムスリム」という、ときに衝突《しょうとつ》する観念が分かちがたく結びついていたことが見いだせる。

29 国はどうやってつくられるか

近代以降、植民地が独立して国ができた

国は太古《たいこ》からあるものと思われがちだが、各国の領土が確定したのは、概して近代以降である。西欧で生まれた近代国家が世界に広がった契機は、西欧諸国が世界に侵出したことにあった。

18世紀以降、産業革命を背景に一次産品供給地と市場の獲得《かくとく》に迫られた西欧列強が植民地獲得競争を激化させた結果、一部の例外をのぞき、イスラム圏だけでなく世界のほとんどが植民地化された。

その典型であるアフリカ大陸の場合、1884年にオスマン帝国を含む14ヵ国が集まって開催されたベルリン会議で示された「列強による秩序立った分割」の原則にもとづいて、西欧諸国間の勢力バランスに応じて分割された。

こうして、現地の文化的、歴史的な結びつきとほぼ無関係に、列強の勢力圏が確定したのである。

これに対して、20世紀初頭以来、多くの植民地では独立運動が生まれ、その多くは第二次世界大戦後に独立した。なかにはアルジェリア独立戦争（1954～62）のように軍事力で独立を勝ち取った例もあったが、ほとんどの植民地は宗主国《そうしゅ》との交渉で独立を達成した。

この時期、19世紀型の植民地帝国だった英国やフランスが独立交渉に臨《のぞ》んだ大きな背景としては、第二次世界大戦によって自らの衰退が決定的となり、植民地を維持《いじ》する人的、経済的コストの負担に耐えられなくなったことがあった。

これに加えて、第二次世界大戦後に名実ともに超大国となり、西欧諸国の戦後復興を経済的に支援する立場にもあった米国は、英仏の植民地支配に否定的だった。その最大の理由は、それぞれの土地で宗主国が独占的に利益を得る植民地主義が自由競争をさまたげ、第二次世界大戦後に米国主導で生まれた自由貿易体制を形骸《けいがい》化させることにあった。

東西冷戦を背景に、米国という後ろ盾《だて》の意向は、少なくとも英仏など西欧諸国にとっての外圧になったといえる。

人工的な国家、多民族の国民

さて、支配していた側が撤退したことで、支配されていた側には、いわば「力の真空」が生まれた。そのなかで独立をリードした人々の多くは、植民地時代から宗主国とのパイプ役になったり、植民地時代に宗主国に留学機会を得たりしていたため、少なからずその影響を受けていた。

フランスが領有に固執したため、激しい独立戦争を繰り広げたアルジェリアでさえ、その初代大統領ベン・ベラは第二次世界大戦にド・ゴール率いる自由フランス軍の一員として参加し、その戦功から叙勲《じょくん》された経験もあった。

支配されていた側には、帝国（皇帝などを頂点とする階層的な秩序のもとで異なる民族が統治されるシステム）などに植民地化される以前の政治体制に戻るという選択肢《し》はほとんどなかった。西欧諸国を範《はん》とする近代的な国民国家（国民の同一性を基礎とし、国家主権が国民の手にある国家）として独立することは、選択肢なき選択だったといえる。

しかし、植民地ごとの独立が多くなった結果、ほとんどの国境線は基本的に帝国主義時代の列強の勢力圏ごとの区画を継承したものとなり、国境は文化や言語の広がりを反映しないものになった。そのため、多くの場合、先にできた人工的な「国家」のなかで、「国民」としての意識を人為《じんい》的につくらざるをえなかったのである。

国民国家のルーツである西欧と比較にならないほど民族・部族が林立する状況で「国民」としての意識を形成することは、21世紀にいたるまで、多くの開発途上国で大きな課題として残っている（❻参照）。

不均衡な経済関係

さらに、宗主国側の事情が大きく影響したことで、政治的な独立が社会経済構造の変化をもたらすことはほとんどなかった。特に、支配されていた側が独立を優先させたなか、宗主国は経済権益の維持を条件に独立を認めることが多かった。そのため、植民地時代に生まれた西欧諸国との不均衡《ふきんこう》な経済関係が一朝一夕《いっちょういっせき》に解消されることはなかった。

独立後の中東・北アフリカ諸国で欧米系企業がその油田を管理し、1970年代半ばにいたるまで石油輸出による利益の大半がこれら企業の本国に流出していたことは、その象徴である（34参照）。

こうしてみたとき、イスラム圏を含む開発途上国における国民国家の建設は、避けられない数多くの矛盾《むじゅん》の積み重ねだったといえる。

30 現在のイスラム圏の国境線に意味があるのか

ナセルが提唱したアラブ民族主義

2014年、「イスラム国」（IS）がシリア東部からイラク北西部にかけての一帯で独立を宣言し、スペイン南部から中国北西部にいたる領域での「カリフ制国家」樹立を打ち出したことは、既存の国境線を否定するものとして注目を集めた。

現代の世界における国境のほとんどは、帝国主義時代の列強による勢力圏争いの遺産である（29参照）。文化や言語の広がりと無関係の国境が一方的に引かれたことは、不合理といわざるをえない。

その一方で、一定の期間存続した国境が、好むと好まざるとにかかわらず、人々の志向や社会に影響をおよぼすことも確かである。中東・北アフリカでは、これまでにも既存の国境線を否定する動きがあったが、大きな成果をあげることはなかった。その典型であるアラブ民族主義についてみていこう。

１９４８年に発生した第一次中東戦争で、圧倒的に有利だったはずのアラブ各国はイスラエルの前に敗退した（32参照）。

イスラムを生み、かつて偉大な文明を誇ったアラブの凋落《ちょうらく》は、植民地主義によって分断されただけでなく、独立後の各国が、経済的な必要性から自分たちを分断した西欧諸国と友好関係を持ち、個々の利益を優先させた結果である。このようにとらえたエジプト陸軍のガマール・アブドゥル＝ナセル大佐は、１９５２年に親欧米的なエジプト王政をクーデタで打倒して実権をにぎると、「アラブ民族主義」を掲げ、既存の国境線を超えたアラブの結束と、イスラエルの打倒を呼びかけた。

ナセルの主張は、第一次中東戦争に敗北し、打ちひしがれていたアラブ諸国の市民のあいだで熱狂的な支持を集めた。さらに、シリア大統領のハーフェズ・アサドやリビア最高指導者のアル・カダフィなど、これに呼応する指導者も現れた。

国境線を変えたくないアラブ諸国

ところが、ほとんどのアラブ諸国政府は、アラブ民族主義に微温的な態度を保った。すでに独立国として存在している各国政府からみて、「アラブ国家」の樹立は自分たちの主権を放棄することにほかならない。

特に、ペルシャ湾岸の君主制国家はこれに警戒《けいかい》感を募《つの》らせた。そのため、反イスラエルを叫び、石油危機ではイスラエル支援国への禁輸を打ち出したものの、これらの国には、パレスチナ人を支援するためのリスクに慎重《しんちょう》な対応が目立った。実際、その後の一連の中東戦争で、一貫してイスラエルと対峙《たいじ》したのはエジプトだけだった。

そのエジプトも、4度におよぶ中東戦争で他のアラブ諸国の協力がほとんど得られず、自国だけが負担を強いられるなか、1978年のキャンプデービッド合意（エジプト、イスラエル、アメリカの三ヵ国首脳が署名した合意）にもとづき、イスラエルと単独で和平条約に調印した（32参照）。アラブ諸国はこの「裏切り」を非難し、エジプトは一時アラブ連盟から除名されたが、周辺各国の非協力的な対応がエジプトの「戦線離脱」をうながした大きな要因であったことは否《いな》めない。

一方、イスラエルに対する一種のコンプレックスから、市民レベルではパレスチナ解放に実際的な活動を起こさない自国政府への批判も根深くある。1991年の湾岸戦争で、イラクのサダム・フセイン大統領が展開した「リンケージ論」（パレスチナ問題とイラクのクウェート占領を関連づけた主張。49参照）に、多くのイスラム諸国で賛同の声があがったことは、その象徴である。

「大産油国の国民」を捨てたくない人々

とはいえ、石油危機以降、イスラム圏でも大産油国とそれ以外の国のあいだの所得格差は拡大しており、特にペルシャ湾岸諸国政府にとって、石油収入を「国民」に還元することは、その支配の正当性を保つうえで欠かせない要素になっている（35参照）。

いい換えると、「大産油国の国民」であることは、これらの政府から恩恵を受けるステイタスであり、それ以外のムスリムと自分たちを識別する線引きでもある。その結果、ほとんどのペルシャ湾岸諸国では、肉体労働などの単純作業を、イスラム圏を含む外国からの移民でまかなっており、ムスリム、アラブ人のあいだでも国籍による階層化が進んでいる。

したがって、イスラム圏としての一体性やつながりはあるにせよ、そのなかで一定の期間存続した国境は、無視しえない拘束力をもつといえる。

31 覚えておきたいイスラム史1　オスマン帝国

広大な版図

「最後のイスラム帝国」オスマン帝国は、イスラムの中世と現代をつなぐもので、その盛衰は現代のイスラム社会にも影響をおよぼしている。

7世紀に生まれたイスラムは、ムハンマド没後の「大征服」によってユーラシア大陸中央部から北アフリカをへてスペイン南部にまで広がった。しかし、その後成立したウマイヤ朝（661〜750）、アッバース朝（750〜1258）のもと、広い版図《はんと》の各地で有力豪族がスルタン（イスラム王朝の君主）やアミール（イスラムの軍司令官）を名乗り、事実上の独立政権を打ち立てた。

その結果、一人のカリフに率いられるイスラム共同体の理想は、有名無実化したのである。

その大部分をふたたび束ねあげたのが、オスマン帝国だった。そのルーツは、13世紀末に現在のトルコ東部で勃興《ぼっこう》したオスマン朝にある。徐々に周囲に領土を拡張していくなかで、1453年にビザンツ帝国の帝都コンスタンティノープルを陥落させ、イスタンブールと改称したことは、一王朝が大帝国に変貌《へんぼう》する大きな転機となった。

イスタンブールを拠点にオスマン帝国は領土拡張を進め、16世紀半ばまでに東はイラク、西はアルジェリア、北は黒海北岸、南はアラビア半島沿岸部の南端までを征服した。

このなかで1529年には神聖ローマ帝国の首都ウィーンを包囲し、1538年には地中海の制海権を争ってスペイン・ヴェネツィア連合艦隊を撃破するなど、西欧勢力とも互角に渡り合った。

トルコ人の王朝から集権体制国家へ

それとともに、オスマン帝国は「トルコ人の王朝」から脱皮していった。軍事力に長《た》けていたとはいえ、帝国内で少数派のトルコ人は支配地の住民、なかでもイスラムの「本家」アラブ人を従わせる必要があったのである。

初期のスルタンの一人セリム一世（在位1512〜20）はメッカとメディナを獲得し、一方で東のサファヴィー朝イランと覇権《はけん》を争ったが、これらは単純な領土紛争《ふんそう》ではなく、オスマン帝国がイスラム、なかでもスンニ派の守護者としての地位を固めるものだった。

さらにセリム一世は、エジプトに隠遁《いんとん》していたアッバース朝カリフの末裔《まつえい》からカリフ位を委譲されたといわれる（カリフとスルタンの関係は西欧の法王と皇帝、日本の天皇と将軍のそれに近く、もともとは前者が後者を任命するものだった）。この伝承は後代の創作という説が有力であるが、創作だったとしても、オスマン帝国には多くのムスリムにそれを「本当のこと」と認めさせる力があった。

実際、歴代の指導者はオスマン朝以来スルタンを名乗り、カリフ制の復活後もカリフの称号はほとんど用いなかった。「カリフ」の権威に頼る必要が乏《とぼ》しかったのだろう。ともあれ、スルタンがカリフを兼ねる体制は、一人の指導者のもとに集《つど》うイスラム共同体の再生を演出したといえる。

この集権体制のもと、オスマン帝国ではスルタン直属の常備軍と官僚機構が整備され、キリスト教徒やユダヤ教徒も商工業に従事し、帝都イスタンブールは大いに栄えた。

第一次大戦後に崩壊

しかし、1768年に南下してきたロシア軍に敗北した後、その繁栄には陰りがみえはじめる。近代化に立ち遅れていたオスマン帝国は、その後も列強に敗北を重ね、領土を失いつづけたのである。

これを受けて、1826年の西洋式軍隊の創設、1834年の世俗的な初等学校の開設、1876年の憲法制定などの改革も進められたが、その前後からすでにオスマン帝国への不信感は各地に広がり、アラビア半島でのイスラム復興（19参照）やエジプトによるオスマン帝国からの事実上の独立などを生んでいた。

「西洋の衝撃」によるオスマン帝国の動揺は、イスラム世界全体の動揺でもあったのである。

第一次世界大戦でオスマン帝国は、ドイツ側に立って参戦した。しかし、その敗北により、現在のトルコ以外の領土をすべて失っただけでなく、旧体制の打倒をめざすトルコ人自身の運動を活発化させることになった。最終的に1923年にトルコ共和国が樹立され、1924年にカリフ制が廃止されたことで、オスマン帝国は名実ともに崩壊したのである（21参照）。

集権的な体制でイスラム世界の一体性を回復させたオスマン帝国は、集権的だったがゆえに、その衰退と崩壊によって、その後のイスラム世界の分裂《ぶんれつ》を加速させたといえる。

32 覚えておきたいイスラム史2　中東戦争

第一次：独立イスラエルを攻めるアラブ諸国

パレスチナをめぐる4度の中東戦争は、近代以降のイスラム社会がユダヤ人と初めて全面的に衝突したものだった（33参照）。

第一次中東戦争は、1948年に独立を宣言したイスラエルに、周辺アラブ5ヵ国が侵攻してはじまった。しかし、兵員数で勝《まさ》るアラブ諸国は緒戦《しょせん》を有利に進めたものの、1年足らずのあいだに休戦条約を結ばざるをえなかった。

苦難の果ての独立を守るため、国外ユダヤ人社会を含めてイスラエル国民が結束したのに対して、アラブ各国は足並みがそろわなかった。そのうえ、1947年の国連決議でパレスチナ人に割り当てられていた土地のうちヨルダン河西岸地区はヨルダンに、ガザ地区はエジプトにそれぞれ、「安全を確保するため」占領されるなど、各国の領土的野心も目についた。

第二次：エジプトのスエズ運河国有化をめぐる戦い

ともあれ、イスラエル独立を阻止《そし》できなかったことは、アラブにとって事実上の敗北だった。アラブ社会に動揺が広がるなか、エジプトのナセル大統領は「アラブ民族主義」を掲げ、アラブの大同団結とイスラエル打倒を呼びかけた（30参照）。

そして、イスラエルを支援する西側との関係を見直しただけでなく、経済と軍を近代化させる資金を捻出《ねんしゅつ》するため、英国の管理下にあった国際海運の要衝《ようしょう》スエズ運河の国有化に踏み切ったのである。

これに対して、英国はフランス、イスラエルと諮《はか》り、1956年にスエズ運河に進駐し、ナセル政権の転覆をはかった。第二次中東戦争である。

あからさまに帝国主義的な行動に対するナセルの非難は、国連で米ソを含む幅広い支持を集め、3ヵ国は撤退を余儀なくされた。エジプトは軍事的に敗北したものの、外交的に勝利したといえる。

第三次：軍事大国イスラエルの圧倒的勝利

その後、ソ連の支援で軍事力を増強したエジプトはシリアと諮り、1967年にはイスラエルを南北から挟撃《きょうげき》する作戦が実施されることになった。しかし、この計画を察知したイスラエルは、先手を打って両国に先制攻撃を仕掛けた。第三次中東戦争である。

超低空飛行でレーダー網をかいくぐって奇襲してきたイスラエル軍機は、エジプト、シリアの虎の子のソ連製戦闘機の部隊に壊滅《かいめつ》に近い損害を与え、勝敗はわずか6日間で決した。アラブ側にとって、それまでにない敗北であった。

さらに、余勢《よせい》をかったイスラエル軍は、ヨルダン河西岸地区とガザ地区だけでなく、エジプト領シナイ半島とシリア領ゴラン高原にも侵攻し、これらを占領した。アラブの大海に孤立するイスラエルが、中東屈指《くっし》の軍事大国として反転攻勢に出たことを世界に印象づけたといえる。

第四次：石油危機とエジプトのシナイ半島奪還

この大敗は、エジプトに方針を転換させた。1970年のナセル没後、エジプト大統領に就任したアンワル・サダトは「アラブ民族主義」の継承を表明し、1973年にふたたびシリアと諮ってイスラエルを南北から挟撃した。

この第四次中東戦争で、今度はエジプト、シリア両軍機による奇襲攻撃でイスラエル空軍が大打撃を受けた。アラブにとって初の大きな戦果だった。

これと並行して、アラブ産油国は石油禁輸で西側諸国に外交的圧力を加えた（**34**参照）。

ところが、緒戦の勝利でシナイ半島を奪還《だっかん》したエジプトは、シリアとの約束に反して、イスラエルへの進軍を停止したのである。これを見て取ったイスラエル軍はシリアに兵力を集中させ、同国の首都ダマスカスにまで迫ったが、それでもエジプト軍は動かなかった。

結局、米国の仲裁で戦闘は終結したが、第四次中東戦争でのサダトのおもな目的が、パレスチナ解放ではなくシナイ半島奪還にあったことは明らかだった。

そのうえで１９７８年、サダトは米国の仲介で、イスラエルとの単独和平に合意した。これにより、エジプトは対イスラエル戦争から名実ともに手を引いたのであり、その後の歴代政権は基本的に米国とも友好関係にある。

サダトはアラブ民族主義の大義よりエジプトの国益を優先させたといえるが、イスラエルとの和平に反対するイスラム過激派ジハード団により、１９８１年に暗殺された。

こうして、アラブ民族主義の頓挫《とんざ》はイスラム復興をうながす一因になったのである（**8**参照）。

33 パレスチナ問題とは何か

ユダヤ人の約束の地カナン

イスラム過激派には「反米」だけでなく「反ユダヤ」も鮮明である。過激派だけでなく、多くのムスリムには反ユダヤ主義が根強く、イスラム圏でイスラエルと国交がある国はエジプトなどごく少数にとどまる。

歴代のイスラム帝国でムスリムとユダヤ教徒は、キリスト教徒を含めて、「啓典《けいてん》の民」として総じて共存していた（24参照）。それにもかかわらずイスラム社会とユダヤ人が敵対するにいたった転機は、パレスチナ問題にあった。

現在イスラエルとパレスチナ暫定《ざんてい》自治区がある領域は、旧約聖書でカナンと記されている。それによると、この地はエジプトを脱出したユダヤ人たちが困難な旅の果てに神から授かったとされる。

歴史学的には、紀元前11世紀頃にこの地にユダヤ人のイスラエル王国が成立したことは確かとみられる。

しかし、2世紀にユダヤ人はローマ帝国によってこの地を追われ、ほとんどが世界に四散した。これを「民族離散」（ディアスポラ）という。それ以来、ユダヤ人は「裏切り者の末裔《まつえい》」としてキリスト教圏で差別・迫害されていたが、19世紀末から、当時オスマン帝国領だったパレスチナ（カナン）に、組織的に帰還しはじめた。金融業などで財をなした富裕層が多かったユダヤ人は、「彼らが留守のあいだに」この地に住んでいたアラブ人から土地を購入し、移り住みはじめたのである。

英国の三枚舌外交

ところが、やがてユダヤ人農場主と、土地を手放して零落《れいらく》したアラブ人（パレスチナ人）のあいだに諍《いさか》いが増えた。これに拍車をかけたのは、２度の世界大戦だった。

第一次世界大戦の最中の１９１７年、戦費に苦しむ英国はユダヤ財閥《ざいばつ》ロスチャイルド家に、融資の見返りに、パレスチナでのユダヤ人の「民族的郷土」建設を約束した（バルフォア宣言）。

しかし、英国は１９１５年、ドイツについたオスマン帝国を動揺させるため、その支配下にあったアラブ人に、対英協力の見返りに、地中海東岸からイラクにかけての領域での独立を約束していた（フサイン・マクマホン書簡）。

そのうえ、１９１６年にはフランス、ロシアと、戦後この地域を三国で分割する秘密協定を交わしていたのである（サイクス・ピコ協定）。翌年のロシア革命を受けて１９１８年に内容が修正され、英仏二国での分割が定められたが、英国のこの三枚舌外交は、火に油を注ぐことになった。

これらのうち英国はフランスとの約束を優先させ、大戦後にこの一帯は英仏で分割され、パレスチナは英国の委任統治領となった。しかし、英国との約束を信じて集まるユダヤ人は増えつづけ、それにつれてパレスチナ人との衝突も増えた。

そこに第二次世界大戦の勃発《ぼっぱつ》で、ナチスの迫害を逃れたユダヤ人がさらに流入したことで、両者の対立は抜き差しならなくなり、英国も手に負えなくなったのである。

国連決議をもとにイスラエル独立へ

大戦後の1947年、英国はこの問題を、設立されたばかりの国連に付託した。これを受けた国連総会での決議が、対立を決定的にした。この決議ではパレスチナの分割が決定され、ユダヤ教、キリスト教にとっての聖地であり、イスラムにとっても第三の聖地であるイェルサレムは、国際管理のもとに置かれることになった。

しかし、パレスチナ全体の土地の57パーセントが人口比約31パーセントのユダヤ人に割り当てられ、しかもパレスチナ人に割り当てられた土地は3つの飛び地だったのである。

明らかにバランスを欠いた決議の背景には、ホロコーストの記憶が新しく、ユダヤ人が世界的に同情の対象だったことがある。さらに、第二次世界大戦で反ナチスの立場から連合国に協力したことも、ユダヤ人にとって有利に作用した。

しかし、このアンバランスな決議が、パレスチナ人だけでなくアラブ諸国の激しい反発を招いたことは不思議でない。

ユダヤ人にもこの決議に懸《け》念《ねん》を示す者がいなかったわけではない。しかし、2000年来の悲願の実現を前に高まったユダヤ民族主義はこれを押し切り、国連決議で認められた土地で、１９４８年にユダヤ人国家イスラエルの独立が宣言された。

この国連決議とイスラエル独立が、その後の４度の中東戦争（32参照）だけでなく、イスラム社会における反ユダヤ主義を決定づけたのである。

34 イスラム社会にとって石油危機とは何だったのか

産油国にとっては収入増、不均衡改善の好機

中東には、世界で確認されている石油の約半分が埋蔵されている。１９７３年に発生した石油危機は、イスラム諸国の影響力を一躍高める転機になったといえる。

この年、そのメンバーのほとんどが中東諸国であるＯＰＥＣ（石油輸出国機構）が、原油価格を１バレル約12ドルにまで引き上げた。第二次世界大戦後、長く１バレル２ドル前後の水準で取引されていたことと比べると、大幅な値上げだった。

この石油危機によって世界経済は大きく動揺し、日本でも高度経済成長が止まった。一方、産油国にとって石油危機は、収入を大幅に増やしただけでなく、欧米諸国との不均衡な関係を改善するものでもあった。それまで産油国は、自国で石油が産出されながら、その恩恵にほとんど浴していなかっ

たのである。

資源ナショナリズムのハイライト

1907年のイランを皮切りに、20世紀初頭の中東では油田発見が相次いだ。しかし、中東諸国の独立が相次いだ第二次世界大戦後も、産油国の油田は実質的に欧米企業に管理されていた。当時の産油国には人員、技術、資金が乏《とぼ》しく、それまで油田を操業していた欧米企業に頼らざるをえなかったのである。

ただし、合法的な手続きにもとづくとはいえ、その手元にはわずかな許認可料や税金しか残らず、利益の大半が欧米企業、なかでもメジャーと呼ばれた巨大多国籍企業ににぎられる状況が、産油国の不満を招いたことは不思議でない。

メジャーが米国など本国政府と密接に結びつき、安価な原油を国際市場に提供したことは、東西冷戦の背景のもとで先進国の戦後復興を後押しするものだったが、その一方で産油国の不満に拍車をかけた。

政治的に独立を達成しながらも、資源収入が欧米企業ににぎられる状況は、他の資源、他の地域でもほぼ同様だった。そのため、1960年代から開発途上国のあいだには、天然資源の恒久的主権、多国籍企業の活動規制、資源産出国のカルテル結成など、資源の国有化と流通の管理を求める声が大きくなった。これは「資源ナショナリズム」と呼ばれる。

これに対して、資源収入をほぼ独占していた先進国は、資源産出国の要求が市場経済の原則に反するとして難色を示し、両者の溝は深まった。

そのなかで発生した第四次中東戦争（32参照）の混乱のさなか、産油国政府はそろって多国籍企業の設備を接収するなどして、油田の国有化に着手したのである。石油危機は産油国の資源ナショナリズムの高まりのハイライトだったといえる。

パレスチナ問題への外交的圧力

その一方で、石油危機はイスラム諸国にとって、政治的発言力を高める転機でもあった。ＯＰＥＣによる原油価格引き上げの決定につづき、アラブ産油国で構成されるＯＡＰＥＣ（アラブ石油輸出国機構）は、イスラエル支援国への原油の禁輸を発表した。

それ以前、東西冷戦を背景に、西側寄りのイスラエルに対して、先進国は総じて友好的な態度を示し、そのパレスチナ占領についてもほとんど語らなかった。しかし、ＯＡＰＥＣの方針を受けて、米国など一部をのぞき、日本を含めたほとんどの西側先進国はパレスチナ占領に、トーンの差はあれ、否定的な立場を示すようになったのである。

いわば、アラブ産油国は石油を武器に、パレスチナ問題に関して先進国に外交的圧力をかけたのである。

逆石油危機に学んだ産油国

しかし、これをのぞくと、石油危機後の多くのアラブ産油国は、むしろ政治的に穏健化することになった。1980年のイラン・イラク戦争（38参照）をきっかけとする第二次石油危機で原油価格はさらに高騰《こうとう》し、1バレル34ドルにまで達したが、1986年には10ドルにまで下落した。

この、いわゆる逆石油危機の背景には、アラブ産油国のおもな顧客である先進国で、原油高への対策として、原子力などの代替エネルギーや省エネ技術が本格的に普及したことや、OPEC非加盟国での油田開発が進んだことなどがあった。

これによって産油国は、原油の過剰な値上がりが長期的に利益にならないことを理解した。これはサウジアラビアなどペルシャ湾岸諸国に、欧米諸国との正面衝突の回避を模索させる原動力になったといえる。

35 産油国の政治経済の光と影

産油国は「所得税なき高度福祉国家」

イスラム圏には産油国が目立つ。中東・北アフリカだけでなく、やはりムスリム人口の多いナイジェリア、インドネシア、中央アジアのなかでもカザフスタンなども、石油・天然ガスが豊富に産出される。天然資源に依存することは、多かれ少なかれ、その国の政治や経済に共通の特徴をもたらす。

ほとんどの産油国では石油事業が国営で、いったん国庫に収まった石油収入は、さまざまな形態で国民に還元される。なかでもペルシャ湾岸の富裕な産油国では、軍人を含む公務員が雇用の大半を占めるだけでなく、公共サービスも充実しており、電気や水道の料金は無料である。そのうえ、租税も免除されている。

石油収入が国民生活を支える様子は、「所得税なき高度福祉国家」とも呼ばれる。石油収入の利益は、大産油国の周辺各国にも、移民の出稼ぎなどを通じておよんでいる。

ただし、石油・天然ガスが豊富に産出されることには陰の側面もある。これは「資源の呪《のろ》い」と総称されるが、以下で5点に絞《しぼ》ってみていこう。

インフレになりやすく、不安定な経済

第一に、大産油国は外資の流入を招きやすく、インフレになりやすい。OPEC原加盟国であるナイジェリアのGDP（国内総生産）は、2006年まで南アフリカの半分にも満たなかったが、2012年にはこれを抜いた。その大きな要因としては資源ブームを背景とする投資があり、世界銀行の統計によると2011年にナイジェリアに流入したFDI（海外直接投資）は約88億ドルで、南アフリカ向けの約41億ドルをしのいだ。この過剰な資金流入は、ナイジェリアの2000年代後半のインフレ率が平均約10パーセントにのぼったことを後押しした。

投資の流入で景気はよくなるが、それにともなうインフレは低所得層の生活を直撃する。過剰な投資は、社会を不安定化させるといえる。

第二に、収入の多くを石油・天然ガスに依存することで、国際市場価格の変動や海外資金の出入りなど、国際経済の影響を受けやすくなる。

世界銀行の統計によると、世界金融危機が発生した2008年の中東・北アフリカ平均のインフレ率は11・3パーセントで、地域別で世界一の上昇率だったが、翌2009年の1年間には2・9パーセントに下落し、やはり地域別で世界一の下落幅だった。この不安定さは、資源輸出に特化した経済構造ならではといえる。

第三に、産業の多角化が進みにくいことである。資源に依存する経済は国際的な変化に脆《もろ》いが、いわば「濡《ぬ》れ手に粟《あわ》」であるため、新たな産業を育成する意欲を生みにくい。

ペルシャ湾岸では、アラブ首長国連邦（UAE）。アラビア半島東岸中部にある連邦。アブダビ、ドバイなど7つの首長国からなる）のドバイで観光業や金融業などの発展が目覚ましい。しかし、これは巨大油田地帯を擁《よう》するアブダビがUAE内で発言力を増すことに、石油資源の乏しいドバイが危機感を募らせた結果であり、いわば例外的な事象である。

政治体制を固定化し、国内対立の種になる

第四に、石油収入が権威主義的な体制を支えることになる。世界一の産油国サウジアラビアでは、

ほかの多くの産油国と同様、1973年から油田の国有化が段階的に進んだ。それにともない、それ以前にあったサウード王家の専制支配を打倒しようとする動きは、イスラム過激派をのぞき、おおむね鎮静化した。

つまり、豊富な石油収入を政府が分配することで、国民生活は安定し、この物質的な満足感は権威主義的な政治体制の受容を生んだのである。

石油収入のおかげで政治的に不自由な体制であっても許容される様相は、専制君主制に限らず、アルジェリアなどの世俗的な軍事政権であってもほぼ同じである。

最後に、石油が国内の分裂《ぶんれつ》を過熱させうることである。世界有数の原油埋蔵量を誇るイラクでは、1979年に就任したサダム・フセイン大統領（49参照）がイラク・ナショナリズムを掲げ、原油収入の管理権を中央政府が独占する体制を築いた。

フセインが所属するスンニ派の居住地域には油田が少なく、ほとんどの油田はシーア派やクルド人の居住地域に存在している。しかし、この体制のもとで石油収入はスンニ派に優先的に配分され、逆にシーア派やクルド人の不満が募ることになった。石油収入を背景とするこの宗派対立は、イラク戦争（49参照）後の混乱の背景にもなっている。

このように、石油・天然ガスが豊富に産出されることは、その国に必ずしもバラ色の未来を約束するものではないのである。

36 覚えておきたいイスラム史3　アフガン侵攻

英国から独立し社会主義国家へ

１９７９年、ソ連軍は国境を越えてアフガニスタンに侵攻した。イスラム復興（8参照）の最中に発生したこの出来事は、その後の対テロ戦争にも重要な影響をおよぼす、歴史の一つの大きな分岐点だった。

19世紀、南アジアから中央アジアにかけての一帯は、英国とロシア帝国がその覇《は》を競う「グレートゲーム」の舞台となった。アフガニスタンは英国の支配を一時受けたが、たびたびこれに反旗を翻《ひるがえ》し、１９１９年に第一次世界大戦で疲弊《ひへい》した英軍を駆逐《くちく》したことで、完全な独立を達成した。

独立したアフガニスタン王国では、トルコのケマル主義（21参照）の影響を受けた近代化が試みられたが、これに反対する部族の反乱などで、大きく進まなかった。

政治が遅滞するなか、１９７３年のクーデタで王政は崩壊し、さらに１９７８年には軍と結んだ社会主義的な人民民主党が実権をにぎった。これは、ソ連の影響が本格的におよぶ転機となった。

ソ連軍とムジャヒディンの戦い

人民民主党政権は農地改革をおこない、大地主の土地を農民に分配した。しかし、性急な改革はかえって社会の混乱を広げ、翌１９７９年には人民民主党政権にジハードを宣告するイスラム諸勢力が、全国各地を制圧するにいたった。その最中、ソ連軍が侵攻しはじめたのである。

ソ連軍により人民民主党の幹部は入れ替えられ、実質的にその占領下に置かれた。しかし、それでもイスラム諸勢力のソ連・政府への抵抗はつづいたため、人民民主党政権は国旗にイスラムのシンボルカラーである緑を用いてイスラム尊重をアピールしたほか、農地改革を中断し、さらに少数派民族を閣僚に起用するなど懐柔《かいじゅう》を試みた。

ソ連といえども、アフガニスタンのイスラム社会を、力とイデオロギーだけで抑え込むことはできなかったのである。

その一方で、異教徒あるいは無神論者であるソ連のイスラム圏侵入を受けて、世界中からイスラム義勇兵（ムジャヒディン）がアフガニスタンに参集し、国内イスラム勢力を支援した。

このとき世界中から集まったムジャヒディンのなかには、のちにアルカイダを設立したオサマ・ビン・ラディンやアイマン・アル・ザワヒリなどもいた。ソ連侵攻後のアフガニスタンは、のちのテロ・ネットワークを形成する舞台になったのである。

ソ連撤退後もつづく内戦

このようななか、世界は大きく動きはじめた。１９８５年にソ連共産党書記長に就任したミハイル・ゴルバチョフは「新思考外交」を掲げ、東西冷戦の終結に向けて動きはじめたのである。

その結果、１９８９年２月にソ連軍はアフガニスタンから完全に撤退した。それに合わせて、外国人ムジャヒディンは帰国の途についた。「異教徒による侵入」がなくなった以上、ジハードの大義は消えたのである。

しかし、外部の変化とは裏腹に、その後もアフガニスタンでの混乱は収まらなかった。ソ連撤退後、社会主義政権と国内イスラム諸勢力の戦闘はかえって激化し、１９９２年に社会主義政権がついに崩壊したのである。

ところが、臨時政府ではパシュトゥーン人、タジク人、ハザラ人などの民族間対立だけでなく、最大民族であるパシュトゥーン人のなかでも、かつて王朝時代の中心だったドゥッラーニー族と進歩派知識人が多いギルザーイー族など部族間の対立も過熱した。

タリバン出現で対テロ戦争の舞台へ

こうしてアフガニスタン全体がさらなる混沌《こんとん》におちいるなか、１９９４年に突如《とつじょ》として登場したのがタリバンだった。タリバンは、隣国パキスタン政府がアフガニスタンに間接的に影響力を行使するため、アフガニスタン難民の、おもにパシュトゥーン人を神学校で養成したものといわれる。

タリバンは破竹《はちく》の勢いで各地を制圧し、1996年には首都カブールも陥落させた。タリバンはアフガニスタンに一定の秩序を回復した一方、ハッド（10参照）を厳格に適用するイスラム体制を樹立した。

これに対して、冷戦時代からパキスタンと友好関係にある米国は、隣接するイランへの牽制《けんせい》という意味からも、当初タリバンに微温的な態度を保っていた。しかし、その後、サウジアラビアを追われたビン・ラディンがやってきたことで、アフガニスタンは対テロ戦争の舞台となったのである。

37 世界を二つに分けてとらえる見方

「イスラムの家」と「戦争の家」

イスラム的観点からみると、世界は二つのエリアに分かれる。一方には、ムスリムが多く暮らしている土地である「イスラムの家」がある。伝統的な解釈では、イスラム法が施行されているか否かが基準であったが、現代ではムスリムが多数派かどうかでとらえられることが多い。

もう一方には、「戦争の家」がある。これは戦争がおこなわれている土地という意味ではなく、「イスラムの家」と実際に戦闘状態にある地域という意味でもなく、非ムスリムの土地という意味でとらえられることが一般的である。

1969年に設立された、イスラム諸国が加盟するOIC（イスラム諸国会議機構。2011年にイスラム協力機構と改称）は、特定の宗教を基礎に主権国家が集まった唯一《ゆいいつ》の国際機構である。OICには中南米のガイアナなど人口に占めるムスリムが圧倒的に少ない国も加盟しており、これは厳密な意味で「イスラムの家」ではない。また、タンザニアなどムスリムが人口の30パーセント以上を占めていても加盟していない国もあるため、本書でいう「イスラム社会」とも必ずしも一致しない。しかし、ここにはイスラム世界とそれ以外を識別する「二つの家」の発想を見いだすことができるだろう。

つねに攻撃してきたわけではない

「二つの家」には、どんな意味があるのか。

初期イスラム法学では、「イスラムの家」と「戦争の家」のあいだには、戦争状態が常態化していると考えられていた。8世紀から9世紀にかけて生まれたスンニ派の四大学派は、「戦争の家」に対するジハードを義務として説く点で、ほぼ一致していたのである。

実際、ムハンマド没後、イスラム勢力はアラビア半島を飛び出し、中央アジアから北アフリカ、イベリア半島南部までを破竹の勢いで制圧していった（3参照）。イスラム史では、これを「大征服」と呼ぶ。

非ムスリムが多い土地を「戦争の家」と呼び、「平和と安寧《あんねい》をもたらすイスラムがおよんでいない土地」と位置づけることは、イスラム布教と政治的・経済的利害が結びついたこの「大征服」を正当化するうえで有効だったといえる。

ただし、その後のイスラム世界が、つねに「戦争の家」への攻撃を当然のことと考えてきたわけではない。「二つの家」は原理として戦争状態にあるものの、イスラムに敵対的でないとみられる個別の国とは和平協定を結び、その契約の期間は非ムスリムの通行や居住が保障された。

ウマイヤ朝はビザンツ帝国と領土をめぐって争ったが、実際の戦闘がつねにおこなわれていたわけではなく、和平（24参照）のもとで商業的・文化的交流がおこなわれた時期もある。

「イスラムの家」の防衛という大義

その一方で、「二つの家」の識別は、防衛ラインとして重要な意味をもつ。イスラム学者の山内昌之は、イスラム勢力の領土拡大が頭打ちになった時期のイスラム法学者イブン・タイミーヤ（１２６３～１３２８）の教説を紹介している。

「もし非信者がムスリムにならなければ殺されるというなら、そうした行動は宗教における最大の強制ということになる」

ここには、ジハードの名の下に「戦争の家」に戦争をしかければ、コーランで戒められている「信仰の強制」をおこなうことにもなるのだから、「イスラムの家」が非ムスリムに攻撃されないかぎりジハードをおこなう義務はない、という含意を見いだすことができる。

ただし、それを裏返せば、「イスラムの家」が異教徒に侵略された場合、これに抵抗することはムスリムの義務となる。したがって、十字軍やモンゴル軍など異教徒による「イスラムの家」への侵入に対する戦争は、正当なジハードととらえられたのである。

現代でも「イスラムの家」の防衛は、ジハードの根拠として重要な意味をもつ。1979年、ソ連侵攻を受けて、世界中からアフガニスタンにイスラム義勇兵が参集した（36参照）ことは、その象徴である。

また、2003年のイラク攻撃とその後の米軍駐留は、「イスラムの家」の防衛という大義をアルカイダに与えることになった。これは同じジハードでも、「戦争の家」への攻撃より、多くのムスリムに共感を得やすい主張といえる。

38 覚えておきたいイスラム史4　イラン・イラク戦争と湾岸戦争

イラク・バアス党とフセイン

中東戦争（32参照）後、イスラム世界内部での対立や確執が鮮明になった。その象徴であるイラン・イラク戦争（1980〜88）と湾岸戦争（1991）を、いずれにもかかわったイラクを中心にみていこう。

１９５８年、エジプト革命（22参照）に触発された青年将校の蜂起《ほうき》で、イラクでは王政が崩壊した。その後、１９６８年のクーデタで実権を掌握《しょうあく》したバアス党は一党体制を樹立し、そのなかで陰の実力者として台頭したのがサダム・フセインだった。

バアス党は世俗的なアラブ社会主義（アラブ民族主義から派生したイデオロギーで、メンバーの平等や相互扶助《ふじょ》を重視するアラブの文化と社会主義の共通性を強調する）を掲げ、ソ連から支援を受けた。しかし、世俗的な体制でも宗派は「身内」の識別ラインであり、フセインは自らの出身母体で、イラクで少数派のスンニ派で政権を固め、これに石油収入を優先的に配分し、逆にシーア派やクルド人などを抑圧した。

イラン・イラク戦争でイスラム諸国の対立が表面化

フセインが国際的に知られたきっかけは、イラン・イラク戦争だった。１９７９年のイラン・イスラム革命（20参照）は、イラク国内のシーア派による反政府活動を活発化させた。この年、正式に大統領に就任したフセインは、国内シーア派への弾圧を強化し、翌年にはイランへ侵攻した。

イラクには従来のソ連だけでなく、イスラム革命後にイランとの関係が悪化した米国も軍事援助をおこなった。そのうえフセインは、従来アラブ社会主義の立場から批判的だった君主制のペルシャ湾岸諸国に「イスラム革命への防衛戦争」への財政協力を求めた。

こうしてフセインはイラン・イラク戦争を通じて、アラブ、スンニ派の守護者としての地位を確立しようとしたといえる。

これに対して、アラブ諸国の多くはイランのイスラム共和制を危険視しながらも、フセインの野心にも警戒感を募らせた。その結果、１９８１年にペルシャ湾岸の君主制６ヵ国はＧＣＣ（湾岸協力会議）を設立して結束を強めた。

また、同じくバアス党が政権をにぎるシリアは、もともとイラク・バアス党とのライバル関係があったことも手伝って、シーア派で共通するイランとの友好関係を優先させた。イラン・イラク戦争はイスラム諸国同士の対立を表面化させたのである。

クウェート侵攻に割れるイスラム圏

戦争そのものは、シャー（国王）時代に米軍の援助で軍の近代化を進めたイランの抵抗が強く、さらに冷戦終結に向かうなかで米ソが地域紛争への関与を控えはじめたこともあって、痛み分けとなった。

しかし、それまでに中東屈指《くっし》の軍事大国となっていたイラクは、その軍事力をもって１９９０年にクウェートの歴史的領有権を主張して、突如侵攻したのである。

クウェート侵攻の要因には、フセイン個人の領土的野心や、イラン・イラク戦争による巨額の財政赤字を穴埋めし、政権を維持するための油田確保などが考えられる。

しかし、いずれにせよ、かつてのスポンサーで、冷戦終結後に唯一の超大国になった米国の介入の可能性だけでなく、周辺各国政府の反応に関するフセインの目算《もくさん》が甘かったことは確かである。

実際、フセインはクウェートからの撤退条件としてイスラエルのパレスチナ撤退を要求し、イスラム圏の支持を得ようとしたが、周辺各国政府の反応は分かれた。ＰＬＯ（パレスチナ解放機構）をはじめヨルダン、イラン、リビアなどがイラクを支持した一方、サウジアラビア、エジプト、シリア、トルコ、パキスタンなどはクウェートを支持したのである。後者は、フセインの野心を警戒しただけでなく、既存の国境線を維持することを優先したといえる。

多国籍軍によるイラク掃討

この背景のもと、１９９１年に米国は国連決議にもとづく多国籍軍を主導し、クウェートのイラク軍を掃討《そうとう》した。この湾岸戦争でサウジアラビアなどが多国籍軍に加わり、さらに「二聖都の守護者」サウジが「異教徒が含まれる軍隊」である米軍の駐留を認めたことは、「国際社会による制裁」のイメージ化を求める米国の希望に沿ったものだった。

しかし、イスラム諸国の一般市民の多くは、イラクを熱狂的に支持した。その結果、湾岸危機・湾岸戦争はイスラム社会の反米感情に拍車をかけただけでなく、多国籍軍に協力した各国政府に対してオサマ・ビン・ラディンらがテロ活動を活発化させる契機にもなった（55参照）。それはイスラム世界の次の混乱の導火線になったのである。

39 覚えておきたいイスラム史5　9・11の衝撃

ビン・ラディンの反米ジハード宣言

2001年9月11日、ニューヨークと国防総省《ペンタゴン》という米国の中枢《ちゅうすう》を襲い、約3000人の死者を出した同時多発テロ事件を受け、ジョージ・W・ブッシュ大統領（当時）は「対テロ戦争」を宣言し、同年10月にはオサマ・ビン・ラディンらが潜伏《せんぷく》していたアフガニスタンを攻撃してタリバン政権を打倒した。

国家でない組織が国家に無差別攻撃をおこなうことは、英国北アイルランドのIRA（アイルランド共和国軍）など、イスラム圏以外でもそれ以前からあったことである。しかし、9・11は世界の様相を一変させる狼煙《のろし》となった。

その3年前の1998年2月、ビン・ラディンやアイマン・アル・ザワヒリなど5人の連名で、ロンドンで発行されているアラビア語新聞に「ユダヤ教徒と十字軍の輩《やから》に対するジハードのためのグローバル・イスラム戦線の声明」と題する声明文が載せられた。

そのなかでビン・ラディンらはサウジアラビアへの米軍の駐留、パレスチナ問題への米国の関与（43参照）、そのイラク政策などを断罪し、「米国人によって犯された犯罪行為は、神とその預言者とムスリムに対する宣戦布告である」と述べた。

そのうえで、場所を問わず、軍人と市民を問わず、米国人とその同盟者を殺害することが全ムスリムの義務であるというイスラム法判断（62参照）を示した。これが、のちにアルカイダとして知られるイスラム過激派の、グローバルな反米ジハードの宣言だったのである。

当時、すでに中東・北アフリカ諸国ではイスラム過激派によるテロが頻発《ひんぱつ》していたが、同年８月にはケニアとタンザニアの米国大使館で、ほぼ同時に爆破テロ事件が発生した。

ＦＢＩの捜査で浮上したビン・ラディンは、当時サウジアラビアを脱出し、スーダンなどをへてアフガニスタンに潜伏中だった。米国は身柄の引き渡しを求めたが、タリバン政権（36参照）がこれを拒否したため、翌１９９９年には国連安保理でアフガニスタンへの経済制裁が決議された。

こうして、米国はアルカイダとタリバンに強い警戒感をもつようになったのである。

欧米社会への反発から過激派へ傾倒

そのなかで発生したのが、９・11だった。２機の旅客機をハイジャックし、世界貿易センタービルに突っ込んだ19人は、国籍がバラバラだが、総じて学歴が高く、多くはアフガニスタンにおもむいた経験がある点でも共通した。

なかには欧米諸国での生活経験が長い者もいた。工作員の現場リーダーだったモハメド・アタは、エジプトの富裕な家庭で育ち、ドイツのハンブルク工科大学大学院に留学した経験をもつ。同時多発テロ事件の直前に入国管理法違反でＦＢＩに逮捕され、生き残ったザカリアス・ムサウィはモロッコ系フランス人で、ロンドン・サウス・バンク大学で国際ビジネスの修士号を得ている。

彼らのほとんどは、多かれ少なかれ、欧米諸国あるいは西洋化される出身国への違和感や拒絶から、自らのアイデンティティを求めてイスラムに回帰するなかで、過激派の思想に傾倒したものとみられる。

欧米社会を知るほど、これに親近感をもつとは限らないのである。

対テロ戦争に巻き込まれた世界

これら実行犯グループによる同時多発テロ事件は、核兵力を含めて最大の軍事力をもつ超大国の心臓部が、その一方でヒトやモノの行き来が自由であるがゆえに、破壊に脆《もろ》いことを示した。

その結果、多くの国で出入国管理が強化されたのみならず、イベント会場など不特定多数が集まる場所はつねに警戒の対象とされるようになった。

さらに、９・11はそれまでにすでに生まれていた反移民感情にイスラム過激派への警戒が加わったことで、警察や諜報《ちょうほう》機関によるムスリムへの監視が強められるなど、欧米諸国のなかの亀裂《きれつ》がより鮮明になった転機でもあった。それは本来テロとは無関係だったムスリム系市民の不満を呼ぶ悪循環をもたらしている。

９・11は国境を超えたテロ・ネットワークによって、世界各国が「対テロ戦争」を意識した戦時に近い体制を、ほぼつねにとらされることになった点で、それまでにない衝撃を含んでいたといえる。

40 イスラムにとって「十字軍」とは何だったのか

政治的野心を宗教でくるんだもの

アルカイダの初代指導者オサマ・ビン・ラディンは、1998年に「ユダヤ教徒と十字軍の輩に対するグローバル・ジハード」を宣言した。一方、ジョージ・W・ブッシュ米大統領も、2001年の同時多発テロ事件直後に「テロに対する十字軍」と発言している。イスラムと西欧にとって、十字軍とは何だったのか。その歴史を振り返ってみよう。

十字軍は、11世紀後半にトルコ人のイスラム王朝セルジューク朝が、当時シリアと総称されていた地中海東岸一帯に侵入し、これをきっかけにこの地の主要都市に群雄が割拠《かっきょ》したことに端を発する。

ビザンツ皇帝アレクシオス一世からの支援要請を受け、ローマ法王ウルバヌス二世は1095年、クレルモン公会議で「イエスの眠る聖墳墓《せいふんぼ》教会のある聖地イェルサレムを、その安寧《あんねい》を脅《おびや》かす異教徒から奪還《だっかん》すること」を提唱した。キリスト教圏にとって十字軍には「絶対の正義」の響きがあったのである。

ただし、各国の国王・諸侯に率いられ、1291年に十字軍最後の拠点アッコが陥落《かんらく》するまで8回におよんだ遠征は、宗教的熱情だけによるものではなかった。

ローマ法王には王権に対する法王権の優越を示すことや、ギリシャ正教会との東西教会の統一といった目的があった。人口増加による土地不足に直面していた国王・諸侯のあいだには、多かれ少なかれ領土への野心があった。十字軍には、こうした政治的野心を宗教的な用語で正当化する側面があった。

十字軍へのジハードに面従腹背

一方、イスラムにとって「十字軍」は異教徒による侵略の代名詞である。なかでも悪評が高いのは、第一次遠征でのイェルサレム攻撃（１０９９年）である。１ヵ月におよぶ包囲の後、安全を保障する和議を結んだうえで、イェルサレムは十字軍に明け渡された。

このとき、おびただしい数のムスリムやユダヤ教徒が殺害されただけでなく、イスラムの聖廟《せいびょう》である岩のドームはキリスト教会にされた。このような蛮行《ばんこう》が、「十字軍」すなわち西欧へのイスラムの敵対心の根幹にあるといえる。

ただし、注意すべきは、当時のイスラム社会が十字軍に大きな反応を示さなかったことである。十字軍の侵入にアッバース朝のカリフはジハードを発したが、各地のイスラム諸侯はこれに面従腹背《めんじゅうふくはい》した。

当時の歴史家イブン・アルアスィールの『完史』によると、「諸侯たちは……互いに争い合っていたので、十字軍は諸国を支配できた」。

たとえば、十字軍が建設したイェルサレム王国を南に接するブーリー朝は、もともと対立していた北方のザンギー朝にそなえるため、十字軍としばしば休戦協定を結んだ。つまり、各イスラム王朝は自らの領土保全を最優先にしたのである。

宗教的熱情ではなくスローガン

もちろん、先述のザンギー朝やエジプトのアイユーブ朝など、ジハードに臨んだ諸侯も皆無《かいむ》ではない。ただし、それも必ずしも宗教的熱情によるものではなかった。

ザンギー朝はジハードを名目に南隣のブーリー朝を占領し、シリアを統一した。アイユーブ朝スルタンのサラディンはイェルサレム奪還で名高いが、彼がザンギー朝を征服し、その後でジハードを呼びかけたことは、「外敵」の強調によって政権基盤を強化するものでもあった。

つまり、イスラム側の「十字軍へのジハード」も、政治的行為を宗教的に正当化するものだったのである。ビン・ラディンらがあえて「十字軍へのジハード」を持ち出すことも、支持者を動員するスローガンという意味では、ほぼ同様である。

その一方で、十字軍の最中にも民衆同士の交流が絶えなかったことは、見逃すべきでない。12世紀の旅行家イブン・ジュバイルは『旅行記』で、当時のシリアの様子を以下のように記している。

「……双方の軍隊は遭遇《そうぐう》戦を交えたり、戦闘隊形を保って対峙《たいじ》したりしているが、ムスリムやキリスト教徒の仲間たちは、何の妨害《ぼうがい》も受けずに両軍のあいだを往来できる。……軍人は戦に携わり、一般人は平穏に過ごしており……民衆も商人もなんら妨害されることはないのである」

ここにみられるスローガンに振り回されない人々の姿は、現代でも学ぶところがある。

41 覚えておきたいイスラム史6　アラブの春

チュニジアから中東・北アフリカへ

2010年12月、チュニジアで大規模な抗議デモが発生した。きっかけは、路上で野菜を売っていた青年が、無免許を理由にこれを警官に止められ、暴行を受けたことに対して、焼身自殺をはかったことにあった。「市場経済化のモデル国」として欧米諸国から高く評価されていたチュニジアで、貧困や汚職が蔓延《まんえん》（43参照）し、野菜一つ満足に売れない現実への抗議だった。

これが多くの人の共感を呼んだのだが、青年が焼身自殺をはかったことが、ショックに拍車をかけた。イスラムでは火は地獄を連想させるもので、火葬もおこなわれないからである。

批判の矛先《ほこさき》は政府に向かい、当初抗議デモの鎮圧を試みたベン・アリ大統領（当時）は亡命を余儀《よぎ》なくされた。

この政変は、翌年にかけて瞬《また》く間に中東・北アフリカ一帯に波及し、各地で反政府デモが発生する様子は「アラブの春」と呼ばれた。

ただし、イランやソマリアなど「アラブ」と呼べない国でもデモが発生したことから、これはむしろイスラム圏のほぼ全域に共通するものだったといえる。

反政府デモの原因と影響

なぜ、イスラム圏で反政府デモは広がったのか。そこに共通する背景としては、
（1）貧困や格差などに対する不満が鬱積《うっせき》していたこと
（2）イスラム圏でも民主主義の理念が広がっていたこと
（3）情報端末の普及によって1ヵ所で発生したことへの共感が広がりやすかったこと
（4）２００８年の世界金融危機以降、中東・北アフリカ諸国は他地域と比較しても物価の乱高下《らんこうげ》に見舞われていたこと
（5）イスラム組織がそれまでの救貧活動などを通じて、特に社会不満を抱きやすく、人口も多い貧困層をデモに動員できるだけの支持を集めていたこと
などがあった。これらの要因がお互いに結びつくことで、連鎖反応的に各国で抗議デモが発生したのである。

その結果、チュニジアをはじめ、エジプト、リビア、イエメンなどでは、旧体制の責任者がその座を追われ、民主的な選挙にもとづく新政府が樹立された。

抗議デモの高まりによって政府が改革を余儀なくされた国もある。ヨルダンでは人身保護などが憲法に明記され、モロッコではそれまでの国王による首相任命が議会による任命に変更された。

民主化は広がらず

ただし、イスラム圏全体の民主化という観点からみると「アラブの春」は大きな成果をあげたといえない。そこには、大きく2つのハードルがあった。

第一に、社会不満が原動力になったことである。そのため、サウジアラビアをはじめとするペルシャ湾岸諸国では、世帯ごとの給付金や公務員の雇用増加などを政府が約束すると、抗議デモは鎮静化した。

逆に、体制が転換した国では、社会問題が新体制のネックになった。エジプトでは新政権発足《ほっそく》後も景気の悪化に歯止めがかからず、新体制の樹立と生活改善を結びつけて期待していた国民のあいだに幻滅がひろがった。

この背景のもと、ムスリム同胞団（22参照）がイスラム色の強い憲法の導入を強行しようとしたことをきっかけに各地で暴動が発生し、2013年7月の軍のクーデタを招いたのである。

第二に、治安の問題である。もともとイスラム過激派への警戒感が強かったことは、アルジェリアやスーダンなど軍人大統領の支配がとりわけ強い国で、「テロ対策」として抗議デモが鎮圧されることを容易にした。

一方、これとは対照的に、イスラム過激派の実際の関与で混乱が広がったケースもある。シリアではデモ隊と治安部隊が衝突をくり返すなかで各地からイスラム過激派が流入し、内戦に発展した（50参照）。

リビアやイエメンでは、新政権内部の派閥抗争が激しくなるなか、独裁体制の崩壊で移動が自由になるにともない、テロリストの流入が増え、戦闘が激化した。

こうして、「アラブの春」は各国に堆積《たいせき》する多くの問題と、そのなかで鬱積する根深い反政府感情を浮き彫りにしたが、それと同時に中東・北アフリカ一帯の情勢をさらに流動化させたといえる。

42 欧米諸国はイスラム圏の民主化を願っているか

欧米の民主化圧力の効果

冷戦の事実上の勝者である欧米諸国は、共産主義体制に打ち勝ったことで、市場経済とともに民主主義への自信を深めた。その結果、冷戦終結後の欧米諸国は民主主義の普遍性、つまり「文化や歴史、経済水準などにかかわらず、民主主義を尊重すべきである」という考え方を強調するようになった。

この観点から、冷戦終結後の欧米諸国は、民主化を援助や融資の条件にするなどして、各国に民主主義の採用を求めはじめたのである。

しかし、この民主化圧力の効果は、地域によって差があった。冷戦時代、一党制や軍事政権が一般的だったサハラ砂漠以南のアフリカでは、複数政党制を採用している国は1989年の段階で8ヵ国にすぎなかったが、これが1995年末までに35ヵ国にまで増加した。これは援助への依存度が高いアフリカが、欧米諸国のトレンドに従うほかなかった結果である。

一方、中東・北アフリカでは2010年末からの「アラブの春」（41参照）以前、自由な選挙がおこなわれ、報道の自由などが保障されていたのは、イスラエルとトルコだけだった。外部からの一方的なスタンダードの強制は、地域を問わず多くの政府の拒絶反応を招く。中東・北アフリカの場合、石油収入が豊富な国が多いことで、経済的な独立性が高く、外圧に対する抵抗力が強かったといえる。

民主化の理想と現実

ただし、中東・北アフリカで民主的な体制が少ない背景には、欧米諸国が民主化要求のトーンを抑えたこともある。一例をあげよう。

2004年、ジョージ・W・ブッシュ米大統領は「拡大中東・北アフリカとの前進と共通の未来に向けたパートナーシップ」を発表した。これは中東・北アフリカ一帯に民主主義を普及させる外交方針で、対テロ戦争の一環でもあった。

テロリストは社会への不満を合法的に表明する手段がないがゆえにテロに走る。だとすると、民主主義の普及は、テロの抑制につながる。この考え方のもと、ブッシュ政権は中東・北アフリカ諸国に、それまで以上に強く民主化を求めはじめたのである。

これに反応したのはエジプトだった。エジプトは１９７８年以降、米国と友好関係にある（32参照）が、その一方で１９８１年に就任したホスニー・ムバラク大統領が長期独裁政権を敷いていた。

米国の働きかけを受け、ムバラクは２００５年に初めて選挙を実施した。ところが、有力視されていたムスリム同胞団をはじめ、野党候補の選挙活動は警察などから規制の対象となり、同胞団系の候補の得票が多い投票所が閉鎖されたりした。

いわば出来レースの結果であるムバラク勝利を、しかし米国をはじめ、日本を含む西側先進国は容認し、ムバラクに祝電を送ったのである。エジプトの例は、一例にすぎない。

ダブルスタンダードの民主化要求

この反応は石油だけが理由ではない。欧米諸国からみたとき、事実上の軍事政権であっても、自らに敵対せず、イスラム勢力を効果的に抑え込めるなら、そのほうがパートナーとしては好ましいのである。

これは冷徹な国際政治の現実を反映したものともいえるが、相手しだいで民主化を強く求めたり、形式的にしか求めなかったりするという意味で、多くの開発途上国からダブルスタンダードとみなされてもやむをえない。

「アラブの春」でムバラク政権が崩壊し、2012年6月にムスリム同胞団中心の政権が成立するなかで、それまで抑え込まれていた反米感情が噴出したことは、パレスチナ問題だけでなく、この観点からみても不思議ではない。

その一方で、ムスリム同胞団の政権は、2013年7月に軍のクーデタで崩壊したが、その際に米国政府はこれを「クーデタ」と認定しなかった。クーデタで権力をにぎった政権には援助をしない、という国内法があったからである。

つまり、少なくともムスリム同胞団より親米的な政府であれば、事実上の軍事政権であっても、これと関係をつなぐことを米国は優先させたのであり、これが「クーデタ未認定」を呼んだのである。

こうしてみたとき、欧米諸国が求める「民主化要求」には、外交手段としての側面が色濃くあるといえる。

第4章　現代イスラムの敵と味方

43 アメリカはいつからイスラムの敵になったのか

イスラエル建国を後押しした米国

ピュー・リサーチ・センターの2013年の報告書によると、米国に好感をもつ割合は世界平均で63パーセントだが、中東・北アフリカ平均は21パーセントにとどまった。これに象徴されるイスラム社会の反米感情は、いくつもの要因が重層的に積み重なった結果といえる。

西欧諸国と異なり、米国がイスラム社会と本格的に接触したのは、20世紀初頭からである。しかも、第一次世界大戦後に英仏が地中海東岸からイラクにいたる領域を分割した（33参照）際、米国はこれに反対するなど、当初はイスラム社会と必ずしも対立していなかった。

その関係の転機は、パレスチナ問題にあった（33参照）。ホロコーストを逃れたユダヤ人を数多く受け入れた米国では、第二次世界大戦の後、ユダヤ人国家の建設が関心を呼んだ。ハリー・トルーマン大統領（当時）は、1948年の大統領選挙でのユダヤ票を期待していたともいわれる。

この背景のもと、米国は1947年の国連パレスチナ分割決議を主導し、これがイスラム社会にとって「反ユダヤ」だけでなく「反米」の分岐点になったのである。

外交方針はイスラエル支持

その後も米国がイスラエルを支援しつづけたことは、これに拍車をかけた。

米国では、透明性さえ確保されれば、議員に対する政治資金の提供は基本的に自由である。米国のユダヤ系団体はその豊富な資金力で、党派を超えて議員に働きかけている。その結果、米国の歴代政権は、トーンの差はあれ、一貫してイスラエル支持の立場を保ってきた。

１９７３年、ＯＡＰＥＣがイスラエル支援国への禁輸を発表（32参照）したことを受け、ほとんどの西側先進国はイスラエルの占領政策に否定的な立場にシフトしたが、米国は中南米からの原油輸入の増加や国産原油の増産などで、これをしのいだ。あくまでイスラエルを支持する外交方針は、イスラム社会における反米感情の根底にある。

これに加えて、石油利権をめぐる産油国と欧米の対立や湾岸戦争でのサウジアラビアへの米軍駐留（38参照）などもイスラム社会で広範な反米感情を醸成《じょうせい》したといえるが、これらは別項で述べるとして、以下ではグローバル化について取り上げる。

グローバル・スタンダード＝米国化

１９８９年の冷戦終結後、東西ブロックが消滅し、カネ、モノ、ヒト、情報が自由に行き来するようになった。このグローバル化は、市場経済と民主主義を基本原理とする。しかし、市場経済と民主主義が「グローバル・スタンダード」に位置づけられることで、それ以外の原理はいわば「異端」にされる。そして、その潮流の中心に位置するのは米国である。

つまり、グローバル化の波には、その政治的・経済的な力を背景に、米国的価値観の受け入れを各国に迫る側面があった。

日本の場合、良くも悪くも原理・原則へのこだわりが薄く、外部環境の変化に適応することを躊躇《ちゅうちょ》しない傾向がある。また、イスラム圏でも理念としての民主主義は普及しつつある（**27**参照）。しかし、イスラムという確固たる思想基盤をそなえた社会では、その内容にかかわらず、外部スタンダードの受容を一方的に求められること自体、自らを否定されるに近い。親米と親民主主義は、両立するとは限らないのである。

のみならず、グローバル化にともなう市場経済化は、多くの国で経済成長をうながした一方、インフレや格差（**54**参照）だけでなく、外資と政府の癒着《ゆちゃく》をも加速させた。

中東・北アフリカでもっとも世俗的な国の一つであるチュニジアで、ベン・アリ大統領（任1987〜2011）が進めた市場改革は、西側先進国からも高く評価された。しかし一方で、民間企業の多くはベン・アリとその一族によってにぎられ、汚職も蔓延《まんえん》した。

これらの不満を背景に、2010年末に民衆蜂起《ほうき》が発生し、ベン・アリは亡命を余儀なくされた（**41**参照）が、その後で接収された彼の財産は50億ドルにのぼった。これはグローバル化の影の一つの例にすぎない。

米国主導のグローバル化は、それが一方的であったことと、少なくない弊害《へいがい》をもたらしたことから、他の開発途上国と同様、イスラム諸国における反米感情をうながしたといえる。

44 ロシアはイスラムの敵か

ロシア革命で取り込まれたイスラム圏

２０１３年12月、ソチオリンピックを控えたロシアの南部ヴォルゴグラードで34人が死亡する駅舎爆破事件が発生し、イスラム過激派ヴィラヤット・ダゲスタンが犯行声明を出した。これに関連して、ロシア政府はサウジアラビアを名指ししてその関与を批判し、サウジアラビアはこれを否定した。この事件はロシアとイスラム社会の関係を象徴するといえる。

ロシアとイスラムの本格的な接触は、18世紀にさかのぼる。一年中凍《こお》らない港をめざして南下するなか、ロシア帝国はオスマン帝国やガージャール朝イランと衝突《しょうとつ》をくり返した。

そのなかで征服した中央アジアとコーカサス地方が、１９１７年のロシア革命で成立したソビエト連邦の一部に残ることで、ロシア圏にイスラム圏の一部が取り込まれたのである。

無神論の共産主義を奉じるソ連で、ムスリムは地下での礼拝を余儀《よぎ》なくされるなど弾圧された。しかし、冷戦終結後、イスラムは一気に勢力を回復した。

１９９１年のソ連崩壊で、中央アジアやコーカサスのほとんどは主権国家として独立した。ところが、北コーカサス地方はロシア連邦の一部にとどめられた。これが、その後のイスラム過激派によるロシア国内でのテロの起点となった。

チェチェン紛争とプーチン

この地の住民はソ連崩壊以前から独立を求め、1991年にはチェチェン・イチケリア共和国の独立を宣言した。しかし、1994年にはこれを認めないロシア政府とのあいだで軍事衝突にいたったのである。

このチェチェン内戦は、時をへるごとにその特徴が変化していった。チェチェン人のほとんどはスンニ派ムスリムだが、当初の独立運動はむしろ民族主義的だった。

しかし、ロシア軍との衝突が激しくなるにつれ、1980年代にアフガニスタンでソ連軍と戦った経験もある過激なイスラム主義者（36参照）が外部から流入しはじめた。これらが民族主義者との派《は》閥《ばつ》抗争を制し、チェチェン独立派の主流になったのである。

これに対して、1999年に首相に就任したソ連国家保安委員会（KGB）出身のウラジーミル・プーチンの指導のもと、ロシア軍は2000年までにチェチェンを制圧した。これによってプーチンは、冷戦終結後に意気消沈《しょうちん》しがちだったロシア国民のあいだで、「強いリーダー」として幅広い支持を集め、同年に大統領に就任したのである。

しかし、チェチェン内戦はその後も苛《か》烈《れつ》をきわめ、アムネスティ・インターナショナルの報告によると、１９９９年から２００７年までのあいだに2万５０００人以上の市民が殺害された。プーチン大統領は２００９年に内戦終結を宣言したが、この状況はチェチェン独立派をより過激化させた。

２００７年、チェチェン・イチケリア共和国の第五代大統領ドク・ウマロフが、北コーカサス一帯でイスラム法を施行する「コーカサス首長国」の独立を宣言した。コーカサス首長国は、アルカイダから支援を受けているといわれる。

さらに、２０１３年のヴォルゴグラードの事件で犯行声明を出したヴィラヤット・ダゲスタンはコーカサス首長国を構成する組織の一つで、自爆したのはチェチェン内戦で親族を殺害された女性とみられている。

シーア派とは友好、スンニ派とは反目

ところで、アルカイダはサウジアラビアとの関係が指摘されているが、ロシアはもともと同国と疎《そ》遠《えん》な関係にある。ロシアはソ連時代から、イスラム革命後に反米で一致するイランや、アラブ社会主義を掲げるバアス党のシリアと友好関係にある。

イランの核開発疑惑は欧米諸国にとって大きな懸念《けねん》だが、原子力技術は当初ロシアから提供されたといわれる。また、シリア内戦（50参照）をめぐり、アサド政権を一貫して擁護《ようご》してきたのもロシアである。

この両国はロシアにとって数少ないイスラム圏での足場だが、それぞれの政府はいずれもシーア派

中心である。そのため、たとえばシリア内戦でアサド政権と対立するサウジアラビアとは利益が一致しない。ロシアと多くのスンニ派諸国は、必ずしも良好な関係といえないのである。

この関係は、スンニ派諸国と結びついたイスラム過激派との関係にもつながってくる。冒頭で触れたロシア政府の発言は、これを反映したものなのである。

45 中国はイスラムの敵か

新疆ウイグル自治区となった東トルキスタン

ロシアと比較すると、中国のイスラム社会との関係は、少なくとも国際的には総じてやや穏健である。外交的にはやはりイランやシリアを支持しているが、ロシアほど強硬ではない。

ＩＭＦ（国際通貨基金）の統計によると、２０１２年のサウジアラビアからの輸入額は約５４９億ドルにのぼる。その大半が原油とみられるが、この輸入額は米国のそれと大差ない。自らが大産油国のロシアと異なり、エネルギーを輸入に頼る中国は、イスラム圏の対立に深く立ち入るのを避けているといえる。

ただし、中国もやはりイスラム社会との確執《かくしつ》を抱えている。それはおもに、中国北西部に位置する新疆《しんきょう》ウイグル自治区をめぐる問題による。おもにこの地に暮らすウイグル人は、ほとんどがスンニ派ムスリムで、５世紀頃に西方からやってきたトルコ系遊牧騎馬民族の子孫である。

この地は清朝《しん》に征服され、１９４４年には東トルキスタン共和国として独立を宣言したが、１９５５年に中華人民共和国に正式に編入された。

１９８０年代半ば以降、抵抗運動が広がりをみせはじめたが、そこにはさまざまな要因が重なっている。おもなものをあげると、（１）共産党による支配、（２）政府主導の「西部大開拓」による農地開発がもたらした自然破壊と土地の強制徴収、（３）民族間での所得格差、（４）沿岸部からの漢人《かん》の流入による人口バランスの変化、（５）モスクやイスラム法学者に対する国家の管理、（６）砂漠《さばく》での核実験、などがある。

穏健派も過激派もすべて弾圧

これらに対する不満から、国外を拠点に中国政府に抵抗する勢力もある。ただし、在外ウイグル人運動には、「世界ウイグル会議」のように国際世論に働きかける世俗的な穏健派と、「東トルキスタン・イスラム運動」などアルカイダとのつながりが指摘されるイスラム過激派がある。

後者は２００８年７月に雲南《うんなん》省昆明《こんめい》で発生したバス連続爆破事件などに関与しているとみられ、米国も国際テロ組織に指定している。路線が異なる勢力が林立しているため、在外ウイグル人組織の求心力には限界がある。

その一方で、近年では漢人の学校に子どもを通わせるウイグル人も増えており、現地のすべてのウイグル人がこれらの活動に協力的ともいえない。成長いちじるしい中国の一部であることに利益を見いだすウイグル人もいるのである。

とはいえ、多くのウイグル人のあいだに漢人支配への不満が充満することも想像に難《かた》くない。新疆では定期的にウイグル人による抗議デモや暴動が発生している。

ところが、中国政府は抗議デモや暴動と過激派のテロのいずれも「分離主義」と位置づけ、「厳打」と呼ばれる強硬な抑圧で臨《のぞ》んでいる。2009年7月にウルムチで発生した暴動では、当局の鎮圧で197人が死亡（当局発表）し、1000人以上が負傷した。

こうした出来事は、アル・ジャジーラなどを含む国際メディアによって伝えられる。そのため、中国首脳はイスラム圏を訪問する際、イスラム系少数民族と漢人の平和共存のアピールに余念がない。

ウイグル・シンパのトルコが中国を非難

こうしたなかで中国に批判的な姿勢を隠さないのが、ウイグル人と民族的に近いトルコである。トルコは歴史的にウイグル人に協力的で、1954年に在外ウイグル人団体として最初に発足した「東トルキスタン亡命者協会」はイスタンブールに本部を置いていた。さらに、2000年代以降はトルコ自身でイスラム復興が目覚ましい（21参照）。

この背景のもと、2009年の暴動鎮圧に関してエルドアン首相（当時）は「虐殺《ぎゃくさつ》」と表現して中国政府を非難した。

中国政府がこの発言の撤回を求め、トルコ外相が「内政干渉《かんしょう》の意図はない」と釈明したことで、両国の対立は収束した。しかし、その後もトルコ政府は世界ウイグル会議のメンバーと会談したり、トルコ国内で東トルキスタンの国旗を掲げることを解禁したりしており、中国との確執は深まる一方である。

トルコとライバル関係にあるアラブ諸国は、同国に必ずしも同調するわけではない。とはいえ、中国にとって新疆問題と対トルコ関係が、イスラム圏全体でのイメージにかかわるものであることは確かといえる。

46 日本はイスラム過激派の敵か

ISの日本人人質事件の衝撃

2015年1月、過激派組織「イスラム国」(IS)は日本人2人を人質にとり、日本政府による「IS対策としての」ヨルダンなどでの難民支援やインフラ整備事業を批判した。そのうえで人質が無惨《むざん》に殺害されたことは、多くの日本人にとって大きな衝撃《しょうげき》となった。さらに同年9月、ISはインドネシア、マレーシア、ボスニア・ヘルツェゴビナの日本大使館などを攻撃対象としてあげた。

少なくとも政府レベルで、日本はイスラム各国とつねに友好的といえないまでも、明白に対立することは稀《まれ》である（73参照）。また、ロシアなどと異なり、国内にイスラム系少数民族の分離独立運動も抱えていない。そのため、多くの日本人にとって、イスラムに関係する問題の当事者としての意識は薄かったと思われる。

その一方で、イスラム過激派によるテロ活動で、日本人が犠牲《ぎせい》者となることはそれまでにも皆無《かいむ》ではなかった。米国での9・11（39参照）では、少なくとも24人の日本人が犠牲になった。また、2013年1月のアルジェリアでの天然ガス精製プラント占拠《せんきょ》事件では、日本人10人が殺害されている。

これらに関して、日本では「イスラムと欧米の争いに日本が巻き込まれた」あるいは「なぜ日本人が標的になるのか」といった論調がメディアなどで流布《るふ》することがめずらしくない。

「味方以外は全員敵」の思考

しかし、多くの日本人の受け止め方はともかく、イスラム過激派からすれば、日本人を標的から排除しなければならない理由は何もない。そこには、大きく2つの理由がある。

第一に、イスラム過激派に限らず、過激派の思考パターンは一般的に「友－敵」の二元論にもとづくものであり、「味方」以外は基本的に「敵」である。

つまり、多くの過激派はなんらかの理想社会のイメージを抱き、その観点から現実世界の矛盾《むじゅん》を糾《きゅう》弾《だん》するだけでなく、その矛盾のなかで生きている人々にも、「世の不正に加担する者」として、贖罪《しょくざい》を迫りがちである（59参照）。そこには、社会の不正に対する憤《いきどお》りと世直しの使命感があったとしても、他人の生命、思想信条、生活に対する配慮は薄い。

多くのイスラム過激派にとって、イスラムの教義にもとづく社会を打ち立てることは、共有されるゴールである。この観点からすると、「一つのイスラム共同体」の成立より既存の国境と国益を優先させるイスラム各国政府は「敵」だが、それと通じた人々や外国もやはり「敵」である。

したがって、イスラム圏への外国人観光客や、イスラム諸国政府と契約するビジネスマンなども、既存の体制を維持する経済活動の一端をになうという意味で、攻撃の対象になる。

アルカイダがサウジアラビア政府から支援を受けた（48参照）ように、一時的に協力することがあっても、彼らが「真のムスリム」ととらえる者以外は、基本的にすべて「敵」なのである。少なくとも、ほとんどがムスリムでない日本人は、イスラム過激派からみて「友」ではない。

日本人もイスラムテロの標的

第二に、日本は軍事活動に参加していないとはいえ、対テロ戦争においてまったく中立の立場にあるわけではない。ISによる人質事件以前から、イスラム過激派によって日本が「敵」と名指しされることはあった。2003年10月18日、オサマ・ビン・ラディンは米国主導のイラク戦争（49参照）を支持した英国、オーストラリアなど各国への報復を宣言したが、これらの国のなかには日本も含まれていた。

この観点からすれば、冒頭で触れた人質事件も不思議ではない。事件発生の後、日本政府はヨルダンなどでの援助が「人道支援」と強調したが、それはあくまで国内向けのメッセージといえる。日本政府は有志連合によるIS空爆を支持しており、ヨルダンなどでの援助は、目的が難民支援など人道的なものだったとしても、機能としてはIS封じ込めの一環である。つまり、民生分野で対テロ戦争を補完するものにほかならない。日本外交におけるイスラムについては別項で論じる（73参照）として、ここで強調すべきは、ISからみてヨルダンなどへの援助は「敵対行為」そのものということである。

イスラム過激派からみて「背教者《はいきょう》と協力する者は敵」である以上、日本人がそのテロの標的にならないという想定はありえないといえる。

47 ムスリム同士は「味方」なのか

パレスチナ人を味方とみなさないアラブ、イスラム諸国

コーランはムスリム同士の争いを禁じている。しかし、イラン・イラク戦争や湾岸戦争（38参照）にみられるように、歴史上ムスリム同士の軍事衝突は枚挙《まいきょ》に遑《いとま》がない。一方、実際に戦火を交えなくとも、ムスリム同士が必ずしも助け合うべき「味方」でないこともめずらしくない。おそらく、それをもっとも痛切に感じているのは、パレスチナ人ではないだろうか。

第一次中東戦争（32参照）で帰るべき土地を失ったパレスチナ人は、そのうち約90万人が難民として周辺諸国に逃れた。米国の仲介《ちゅうかい》のもとでイスラエルと交わした1993年のオスロ合意にもとづき、1995年にはヨルダン河西岸地区に世俗派グループのファタハが中心となるパレスチナ暫定《ざんてい》自治政府が発足したが、その後も事あるごとにパレスチナのイスラム武装勢力ハマスとイスラエルの軍事衝突がくり返され、一人前の国家として独立できる見通しは立っていない。

また、二世、三世の難民が増えている一方で、帰還は進んでおらず、2013年末現在でUNRWA（国連パレスチナ難民救済事業機関）の保護下にある難民だけで約500万人にのぼる。

こういった状況に対して、アラブ、イスラム諸国は外交的にパレスチナ支持を叫びながらも、実質的にパレスチナ人を「味方」とはみなしてこなかった。イスラム諸国の政府からみて「19世紀末にユダヤ人が移住してきたときに金に目がくらんで先祖伝来の土地を売り渡した」（33参照）パレスチナ人に同情の余地は小さく、さらにパレスチナ問題に真剣に取り組むことは、自国がイスラエルとの戦争に巻き込まれるリスクが高まることを意味する。

厄介者扱いのPLO

この背景のもと、パレスチナ人はアラブ、イスラム世界で「厄介者《やっかいもの》」として排除されることさえあった。ファタハを中核とするPLO（パレスチナ解放機構）は、1968年から武装闘争を本格化させたが、イスラエルと隣接する4ヵ国のうち軍事力の大きいエジプトとシリアは、アラブ民族主義

（30参照）を叫びながらも、彼らの自由な通行を許可しなかった。

そこでPLOはヨルダンに基地を構え、イスラエルに越境攻撃をおこないはじめた。しかし、その勢力が大きくなるにつれ、ヨルダンの主権が脅《おびや》かされるという危機感のもと、1970年にヨルダン軍はPLOへの攻撃を開始したのである。

これでヨルダンを追われたPLOは、残る一国でもっとも小国のレバノンに拠点を移した。

当時レバノンではムスリムとキリスト教徒の対立が深刻化していた（63参照）が、そのほとんどがスンニ派ムスリムであるPLOが大挙して流入したことは、この宗派対立を過熱させ、1975年にレバノン内戦を引き起こす結果となった。その混乱のなか、今度は1982年にイスラエル軍がキリスト教徒を支援する形でレバノンに侵攻し、首都ベイルートにあったPLO本部を陥落《かんらく》寸前にまで追いやったが、それでも周辺国はまったく動かず、仲介に入ったのは、自らが支援するイスラエルに引きずられて国際的なイメージが悪化することを恐れた米国だった。

結局、PLOはイスラエルから離れたチュニジアに拠点を移さざるをえなくなったのである。（その後、パレスチナ自治政府の誕生にともない、停止状態）

パレスチナ問題に距離をおくイスラム社会

ここまで露骨《ろこつ》に排除されなくとも、パレスチナ人たちがアラブ、イスラム世界で冷遇《れいぐう》されることはめずらしくない。サウジアラビアなど富裕なペルシャ湾岸諸国では、パレスチナ難民は安価な労働力として二級市民扱いを受けている。その見返りに湾岸諸国はパレスチナに資金協力をするが、それ以上の関与をみせず、湾岸戦争でＰＬＯがイラクを支持した（38参照）後には、資金協力も削減した。

一方、その湾岸戦争で強引なリンケージ論を展開したサダム・フセイン大統領も、それ以前パレスチナ解放に熱心だったとはいいがたいが、彼を多くのムスリムが支持したこと自体、そのほかに正面からこの問題を語るアラブ、イスラムの指導者がいなかったことを物語る。

パレスチナ問題が解決されるべきという目標がイスラム社会全体で共有されていることは疑いえない。しかし、その一方で、イスラム諸国あるいはムスリムの多くがパレスチナ人を「味方」として遇《ぐう》さず、パレスチナ問題の解決に積極的に関与してこなかったことも、また確かである。

この心理的ギャップは、イスラム復興（8参照）のなかで多くのムスリムにイスラム社会全体に対する贖罪《しょくざい》意識を強め、その裏返しとして「反米」「反ユダヤ」の論調を高める土壌になっているといえる。

48 イスラム諸国政府は過激派を支援しているのか

ヒズボラを全面支援するイラン、シリア

イスラム過激派のテロは、欧米諸国だけでなくイスラム諸国でも発生している。サウジアラビアな

どペルシャ湾岸諸国やエジプト、パキスタンなど、欧米諸国と友好的な政府ほど、その標的にされやすく、ほかのすべての国と同様にイスラム諸国もテロを非難している。

しかし、その公式表明とは関係なく、イスラム諸国政府が過激派に協力することもめずらしくない。その協力には、（1）ほぼ全面的に支援する、（2）基本的には対立するが部分的に支援する、（3）ほぼ全面的に対立しながら壊滅《かいめつ》をめざさない、の3つのタイプがある。

このうち、（1）のタイプの典型例には、イランおよびシリアとレバノンのヒズボラがあげられる。ヒズボラは1982年のイスラエルによるレバノン侵攻を受けて結成されたシーア派のイスラム過激派で、その最大の目標はレバノンにイラン型のイスラム共和制（20参照）を樹立することにある。その戦闘力はもはや「テロ組織」と呼びにくいものがあり、2006年7月にはイスラエル海軍の軍艦を無人機からのミサイル攻撃で大破させている。

イランやシリアは、ヒズボラへの支援を公式には否定している。しかし、ヒズボラはイラン製の携帯式ロケット砲などを保有しており、シリア政府はイランからレバノンに物資や人員が移動することを容認してきた。また、2011年に内戦がはじまったシリアには、アサド政権を支援するためにヒズボラが流入した（50参照）。ヒズボラは、いわばイランやシリアと同盟関係にあるといえる。

アルカイダを部分支援するサウジアラビア

次に、（2）のタイプの代表格は、サウジアラビアとアルカイダなどスンニ派の過激派組織の関係である。９・11の実行犯のうち、事前に逮捕されていて生き残ったザカリアス・ムサウィは、米国での公判のなかで、サウジアラビアのバンダル・ビン・スルタン王子らがアルカイダに資金協力をしていたと証言している。もちろん、サウジアラビア政府はこれを否定している。

しかし、２０１４年1月にはプーチン大統領も、前年12月の南部ヴォルゴグラードでの爆破テロ事件に関連して、バンダル王子を名指しで批判している（44参照）。アルカイダなどスンニ派テロ組織へのサウジアラビアの支援は、国際的にはもはや定説といえる。

サウジアラビアがスンニ派組織を支援するのは、一方には自らの手駒《てごま》という側面がある。しかし、オサマ・ビン・ラディンは当初、サウジアラビア政府をテロの標的としていた。そのため、両者は必ずしも友好的とはいえない。

ただし、イスラムの盟主としてサウジアラビアは、過激派の「ジハード」もまったく無視できない立場にある。つまり、資金協力でパレスチナ問題への関与をアピールしてきた（47参照）のと同様、サウジアラビアは資金協力によって「ジハードへの貢献」をスンニ派過激派に演出することで、国内でのテロを控えさせてきたとみられる。

過激派と共依存関係のアルジェリア

最後に、（３）のタイプはもっとも微妙な関係といえる。この典型例としては、アルジェリア政府とイスラム・マグレブ諸国のアルカイダ（ＡＱＩＭ）があげられる。

アルジェリア政府はＡＱＩＭに苛烈《かれつ》な弾圧で臨《のぞ》んでいる。しかし、２０１２年に隣国マリに逃れたＡＱＩＭが、現地の武装組織アザワド民族解放運動（ＭＮＬＡ）から攻撃を受けはじめると、国境付近で頻繁《ひんぱん》にアルジェリア軍が目撃されるようになった。

アルジェリア政府はこれを「ＡＱＩＭの掃討《そうとう》が目的」と説明したが、積極的にＡＱＩＭを攻撃している様子は確認されなかった。むしろ、アルジェリア軍の展開に合わせるように、ＡＱＩＭはＭＮＬＡの攻撃をかわしてマリ内部に逃れていったのである。

事実上の軍事政権で、失業率も高いアルジェリアでは、政府の強権的な支配は「ＡＱＩＭ対策」という大義名分《たいぎめいぶん》があることで正当化される。つまり、アルジェリア政府にとってＡＱＩＭは存在価値がある。この観点からすると、マリでのアルジェリア軍の行動は、ＭＮＬＡにＡＱＩＭを攻撃させないためのものだったといえる。イスラム諸国政府とイスラム過激派の関係は、敵－味方で区切れない、複雑な現実を象徴するのである。

49 イラクのフセイン大統領は人気があったのか

クウェート侵攻で提唱した「リンケージ論」

２００３年３月、米英軍の攻撃でイラクのフセイン政権はあっけなく崩壊し、拘束《こうそく》されたサダム・

フセインはイラク国内の裁判で2006年に処刑された。フセインはイスラム社会の一つの台風の目だったといえる。

その端緒《たんしょ》は湾岸危機（1990）だった。フセインは「クウェートがイラクの石油を盗掘している」と非難したうえで、その歴史的領有権を主張し、突如《とつじょ》クウェートを占領した。

このとき「イラクのクウェートからの撤退」と「イスラエルのパレスチナ占領地からの撤退」を結びつけた、いわゆる「リンケージ論」が登場した。つまり西側先進国、なかでも米国はイスラエルによるパレスチナ占領（32参照）を放置しながら、イラクによるクウェート占領を批判するのはダブルスタンダードだという批判である。

まずイスラエルがパレスチナから撤退すべきという主張を、サウジアラビア、エジプト、シリア、トルコ、パキスタンなどの政府は一蹴《いっしゅう》した。

これらの政府はもともとフセイン政権と緊張関係にあるか、米国との関係が深かった（38参照）。その背景のもと、これらの政府は既存の国境線の維持《いじ》を優先させ、「2つは別問題」と主張したのである。

「アメリカに立ち向かう英雄」として支持される

しかし、各国政府の判断とは別に、多くのイスラム諸国の一般市民のあいだには、フセイン支持の声が広がった。中東戦争（32参照）以降、イスラエルの軍事的優位に直面し、米国との経済関係を優先させるなかで、パレスチナ問題を正面から取り上げる指導者はいなくなっていた。一方、折からのイスラム復興で多くの人が「ムスリム」としての自覚を強めていた。

その結果、イスラム社会でフセインは「唯一《ゆいいつ》の超大国に立ち向かう英雄」になったのである。

フセインがパレスチナ問題を重視していたとはいえない。実際、それ以前にフセインがその解決に向けて、目立った関与をおこなうことはなかった。あえてリンケージ論を持ち出したのは、イスラム社会全体で共有しやすい、あるいは少なくとも公式には「共有しなければならない」テーマであるパレスチナ問題を持ち出すことで、自らの正当性をアピールし、イスラム圏での主導権をにぎろうとしたものとみられる。

アラブ社会主義を奉じるフセインは、イスラム主義者や王政支持者とは相容《あいい》れない存在だった。しかし、それでも一般市民のあいだにフセイン支持が広がったことは、イスラム社会全体における根深い反米感情の発現でもあった。

モロッコの国際関係学者マフディ・エルマンジュラは湾岸戦争を「第一次文明戦争」と呼んだ。湾岸戦争には敗北したが、フセインはイスラム社会が内部の違いを超えて、「反米」あるいは「反欧米」という共通項を意識させる転機をつくり出したといえる。

反米デモを巻き起こしたイラク戦争

同様のことは、イラク戦争（２００３）でもいえる。米国がおこなった戦争のなかでも、イラク戦争は評判の悪さで指折りといえる。米国政府は「イラクが大量破壊兵器を保有しており、これがアルカイダの手に渡ると危険」という主張で先制攻撃を正当化した。

しかし、世俗的なアラブ社会主義を奉じるバアス党のフセイン政権が、スンニ派で共通するとはいえ、ライバルのサウジアラビアなど湾岸諸国と関係の深いイスラム過激派と連携するという主張自体が荒唐無稽《こうとうむけい》で、さらに仮に大量破壊兵器を保有していたとしても、明確な国連決議をへずに米国が一方的にイラクを攻撃できる法的根拠はなかった。「米国が危険と判断すれば、相手国の主権に関係なく、攻撃するのは正当」といわんばかりの米国の論理は、地域や文化を問わず多くの国から拒絶反応を呼んだ。そして、実際に大量破壊兵器は発見されなかった。

イスラム圏では反米デモが相次ぐなど、反発がとりわけ激しかった。イスラム諸国でイラク戦争を支持した政府が、アフガニスタン戦争（67参照）後に米軍が駐留していたアフガニスタン、旧ソ連圏でロシアと距離を置くために米国と良好な関係を構築しようとしていたアゼルバイジャンとウズベキスタン、そして湾岸危機でイラクに占領されたクウェートだけだったことは、その反発の強さを物語る。

こうしてフセインは、その意思にかかわらず、イスラム社会の一体性を強める触媒《しょくばい》になったといえる。

50 アサド大統領はシリアでどんな存在か

父親と同じ強権体制に回帰

2011年3月に内戦が発生して以来、2013年8月の化学兵器使用や2014年6月の「イスラム国」(IS)建国宣言などが相次いだシリアは、中東屈指《くっし》の激戦地となった。2010年末まで周辺国から100万人以上受け入れていた難民が、2014年末までに逆にシリアから388万人以上流出したことは、その惨状《さんじょう》を象徴する。バッシャール・アサド大統領は、シリアにとってどんな存在なのだろうか。

アサドは2000年、父親のハーフェズ・アサド大統領の死亡にともない権力を継承した。1970年にバアス党(38参照)内のクーデタで権力を掌握《しょうあく》したハーフェズは、対外的にはゴラン高原をめぐってイスラエルと争い、イスラム革命後のイランとも友好関係を深めた。その結果、1979年にシリアは米国政府から「テロ支援国家」に指定された。

一方、対内的には軍と情報機関によって支えられる強権体制を樹立したが、その中核はシリアでも少数派のシーア派の一派アラウィー派で、多数派のスンニ派やクルド人は抑圧されつづけた。議会はあるが、議席のほとんどをバアス党がにぎる事実上の一党制に近い。ハーフェズの病没後、アサドはこの体制を引き継いだのである。

英国に留学経験もあるアサドは、父親との違いを意識したのか、権力継承後にインターネットの解禁、政治犯の釈放、汚職撲滅《ぼくめつ》運動などをおこない、強権的支配の緩和《かんわ》を試みた。

しかし、「ダマスカスの春」と呼ばれたこの改革はハーフェズの代からの古参幹部の抵抗に遭《あ》い、さらに２００３年のイラク戦争が米国と敵対する強権体制の関係者に「次は我が身」という危機感を強めさせたために頓挫《とんざ》した。その後、アサド政権はリベラル派からクルド人、スンニ派のイスラム過激派にいたるまで反体制派の取り締まりを強めたのである。

「アラブの春」をきっかけに内戦へ

その強権的な秩序が全面的な内戦に移った契機は、２０１０年12月のチュニジアでの民衆蜂起《ほうき》を起点とする「アラブの春」（41参照）にあった。この波が中東・北アフリカ一帯におよぶなか、シリアでも２０１１年３月には南部ダラアで10万人規模の抗議デモが発生し、これに治安部隊が発砲して４００人以上の死者が出るなど混乱が広がった。

それと並行して、シリアは周辺国の対立の場となった。スンニ派のサウジアラビアやペルシャ湾岸諸国は、もともとバアス党でシーア派、さらにロシアやイランとも友好関係が深いアサド政権と対立することが多かった。

こうした国から資金援助を受けたスンニ派のイスラム過激派が流入すると、これに対抗してアサド政権と同盟関係にあるイランからシーア派の民兵組織やヒズボラがシリア軍を支援するために現れた。さらに、トルコのクルド労働者党（ＰＫＫ。**7**参照）の支援を受けたクルド人民防衛隊（ＹＰＧ）など、独立をめざすクルド人組織の反政府武装活動も活発化した。

そのうえ、２０１２年には隣国イラクから、アルカイダと決別した「イラク・レバント（地中海東岸）のイスラム国」（ＩＳＩＬ）が流入した。アサド政権の重石《おもし》が重かっただけに、それがいったん揺らぐと、周辺国からの支援のもとで各勢力が連鎖反応的に活動を活発化させ、シリアは果てしない混沌《こんとん》におちいったのである。

ＩＳへの攻撃がアサド政権延命に

この状況のもと、シリアを「テロ支援国家」に指定してきた米国をはじめ欧米諸国は、世俗的な反体制派を中心とする連合体「シリア国民連合」を承認し、混乱収拾のためにアサド辞任を求めた。一方、露中はアサド政権を擁護《ようご》し、国連安保理による制裁にも拒否権を発動した。シリア内戦は周辺国だけでなく、グローバル・レベルに飛び火したのである。

錯綜《さくそう》した対立関係のなか、２０１４年６月のＩＳ独立宣言は、アサドの立場を回復させる転機ともなった。２０１４年９月、米国は湾岸諸国とともにシリア領内でのＩＳの拠点への空爆を開始したが、アサド政権はこれを黙認している。つまり、欧米諸国とアサドのあいだには、事実上の共闘関係が生まれたのである。

さらに、旧宗主国《そうしゅ》のフランスを中心に、ISに対抗するためにアサド政権との協力を模索《もさく》する動きが生まれた。ただし、これはアサド政権の延命にもつながるため、シリア国民連合とその軍事部門である自由シリア軍など反体制派の懸念《けねん》を招いた。こうしてシリア内戦は、古今稀《ここんまれ》にみる複雑な展開をみせたのである。

51 ISはどのように生まれたのか

2006年、「イラクのイスラム国」（ISI）登場

2014年6月、イラク北西部からシリア東部にかけての領域でスンニ派の過激派組織「イスラム国」（IS）が独立を宣言したことは、世界を驚愕《きょうがく》させた。ISはイラク戦争（49参照）後の地域の混沌のなかで生まれた。

イラクではイラク戦争の翌2004年、アルカイダのイラク支部であるイラクのアルカイダ（AQI）が駐留米軍へのテロ攻撃を開始した。

しかし、2010年5月、AQIの指導者に就任したアブ・バクル・アル・バグダディは、ほどなくアルカイダ第二代指導者アイマン・アル・ザワヒリとの関係が修復不可能になった。ザワヒリが「西側から狙われにくい」グローバル・ジハード路線を重視したのに対して、バグダディがイスラム

国家の樹立を主張したことが原因といわれる。

それ以前から、ＡＱＩ内部ではイラク人と外国人のあいだの主導権争いがあった。それを覆い隠し、なおかつイラク人戦闘員をリクルートするために、イラク人が前面に立つ格好で２００６年10月に「イラクのイスラム国」（ＩＳＩ）建国が宣言された。

その後、ＡＱＩとＩＳＩは形式的には別でもほぼ一体のものとしてあったのだが、双方の指導者が２０１０年４月に米軍の攻撃で死亡し、その跡を襲ったのがバグダディだった。ＡＱＩとＩＳＩを一手ににぎったことで、イラク人のバグダディは独立路線を強めたのである。

２０１３年、「イラク・レバントのイスラム国」（ＩＳＩＬ）に改称

アルカイダ本流と反目《はんもく》を深めたバグダディは、イラク北部だけでなく、２０１２年からはシリアでも活動を活発化させた。

２０１１年に内戦が勃発《ぼっぱつ》した隣国シリアでは、世俗派の反体制派の連合体である自由シリア軍とアルカイダのシリア支部であるヌスラ戦線がお互いに争いながらアサド政権を攻撃し、これに対してイラクから流入したシーア派民兵がシリア軍を援護するという複雑な構図があった。アルカイダからの撤退要求を無視し、そこに割って入ったＡＱＩは征服地を広げた。

それにともない、バグダディはアルカイダとの差別化をより鮮明にしていった。占領地でイスラム法を厳格に適用しただけでなく、スンニ派以外の宗派の信徒や、スンニ派でも従わない者を無差別に

殺害したことは、アルカイダからも非難された。

そして、2013年4月に組織名を「イラク・レバント（地中海東岸）のイスラム国」（ISIL）に改称し、あわせてヌスラ戦線の統合を発表したことは、アルカイダとの決別を象徴した。

この統合宣言はヌスラ戦線とアルカイダによって否定されたが、少なくとも両者とISILはシリア国内で並立することになったのである。さらにISILは2013年6月までにデリゾールなど油田地帯を含むシリア東部を制圧し、「世界でもっとも富裕なテロ組織」と呼ばれるにいたった。この経済的な自立は、アルカイダからの独立を実質的なものにしたといえる。

2014年、「イスラム国」（IS）建国宣言

シリアでの地歩《ちほ》を固めたISILは、2014年初頭にイラクに侵入し、6月には第二の都市モスルを陥落《かんらく》させた。そのうえでISの建国と、バグダッド侵攻を宣言したのである。

ISの台頭を受けて、スンニ派イラク人のなかには自らISに参加する者が続出した。それは当時のイラクの政治情勢による。

イラク戦争後の2005年に発布された新憲法のもと、イラクでは連邦制や比例代表制など、少数者の権利を保護する制度が成立した。ところが、イラクのヌーリ・アル・マーリキー首相は自らの支持母体で、イラク人口の6割を占めるシーア派で政府要職を固めただけでなく、約束されていた各州の石油権益の中央管理の改革も先延ばししつづけた。選挙がおこなわれているものの、この構図はフ

セイン政権時代から支配的な宗派が入れ替わったにすぎなかった。

スンニ派やクルド人の不満が高まるなか、イラク政府の後ろ盾《だて》である米国政府は2011年の米軍撤退の前から再三にわたって改善を求めたが、逆にマーリキー首相は国内の反米感情に訴え、イラク・ナショナリズムを叫ぶにいたった。

このなかで発生したIS建国宣言を受けて、マーリキー政権がシーア派民兵に協力を求めたことで、宗派・民族間の対立が決定的になったのである。シリアだけでなくイラクにとっても、ISの台頭はその混乱の産物であると同時に、混乱をより加速させるものでもあった。

52 ISの登場はイスラム社会にどんなインパクトをもつのか

イスラム共同体という観念が崩れた現代

過激派組織「イスラム国」(IS)が2014年6月にシリアからイラクにかけての領域で独立を宣言し、同年9月に5年以内にスペイン南部から中国北西部までを征服することを宣言したことは、イスラム社会にとっても大きなインパクトだった。ISの登場は、イスラム社会が抱えるさまざまな矛盾や対立をすべて呑《の》み込むものだったからである。

本来イスラムは一つの共同体だった。しかし、歴代王朝のもとでイスラム社会は分断され、それは

20世紀の国民国家の成立で決定的になった（29参照）。

「西洋の衝撃」のなかでいくどとなくイスラムの連帯は叫ばれたが、独立後の各国は自国の存立と利益を優先するようになった。国民国家に区切られたことで、イスラム社会は分断を深めたといえる。

イスラム社会の分裂《ぶんれつ》は、国家間の対立から、各国内部の不均衡《ふきんこう》にまでいたる。湾岸戦争では欧米諸国と協力してでも国境線の維持を優先するサウジアラビアなどと、アラブ、イスラムの大義を掲げるフセインを支持するヨルダンなどの対立が鮮明になった。

また、各国政府は自らの支持基盤となる民族・部族を優遇《ゆうぐう》し、富裕な産油国の政府は石油収入を国民に還元する一方、周辺国からの出稼ぎ労働者を二級市民扱いしつづけてきた（30参照）。

さらに、各国はパレスチナ問題の解決を叫びながらも、イスラエルとの対決を実質的に回避しつづけてきた。

これらはいずれも、もともと各国が独立した主体ととらえられ、国籍で人間を識別することが自明なら、「不公正だが、やむをえない部分もある」といえるかもしれない。しかし、イスラム社会の一種の「公式見解」である「イスラム共同体は一体で、ムスリムは平等であるべき」という観念が強ければ、その不公正は道徳的に許しがたいものになる。

ＩＳは「ゴルディアスの結び目」になるか

ＩＳはこれらの矛盾や対立を一挙に解消させる解決策を示したといえる。

イスラム圏をほぼ網羅《もうら》する「領土拡張計画」は、イスラム諸国間の対立をなくすことになる。また、すべてが「カリフ」のもとに置かれるので、特定の民族・部族が優遇されることもない。そして、領土拡張計画のなかにはイスラエルも含まれるので、これが成功すればパレスチナ問題も当然「解決」されることになる。

古代ギリシャの伝承に「ゴルディアスの結び目」と呼ばれる縄の結び目のエピソードがある。それを解いた者はアジアの王になれるというこの複雑な結び目は、何人もの挑戦を退けたが、アレクサンダー大王に剣で切り落とされて解けたという。

「ゴルディアスの結び目」は、手におえない問題を一刀両断に解決することの比喩《ひゆ》である。IS支持者にとって、IS建国と領土拡張計画は、イスラム社会の多くの矛盾や対立を一気に解決する「ゴルディアスの結び目」と映るのかもしれない。

ただし、シンプルな理念で現実世界のすべての矛盾を解決する試みが、強い反作用をもたらすことは、歴史の常である。ISは戦闘員に一律で給料を支給するなど、ムスリム本来の平等志向が喧伝《けんでん》される。

しかし、その支配地域ではIS支持のスンニ派だけが一人前と扱われ、「平等」は彼らだけの特権でもある。一方、他宗派、世俗派、少数民族だけでなく、スンニ派でもISに従わない者は、虐殺《ぎゃくさつ》や奴隷《どれい》化の憂《う》き目にあっている。これはフランス革命やロシア革命で「反革命的」とみなされた人々がたどった道を思い起こさせる。

一方、既存の国境によって立つすべてのイスラム諸国政府にとって、ＩＳは「共通の敵」になる。ＩＳの前身「イラクのアルカイダ」を支援していたサウジアラビアなど湾岸諸国は、イラクだけでなく、シリアでも米国とともにＩＳ空爆をおこなっている。サウジアラビアとイランはシリア内戦で対立するが、ＩＳ空爆に関しては、事実上の共闘関係にある。

こうしてすべてのイスラム諸国政府がＩＳを敵視することは、裏を返せばそれだけＩＳ台頭がイスラム社会の矛盾を浮き彫りにし、しかもそのメッセージが多くのムスリムに伝播《でんぱ》する可能性を秘めたものであることを意味する。

53「失敗国家」とは何か

中央政府と公権力が機能しない国

日本では国家があることは当然すぎて、逆に意識されにくい。どの都道府県の住民も共通の政府に税金を納め、共通の法律に従う。政府はどこで大災害が発生しても対応するし、少なくとも公式には地域間格差をなくそうと努める。

日本では国境の区画と公権力のカバーする領域がほぼ一致しているといえる。しかし、この当たり前とも思われる状況が、当たり前でない土地もある。

「国家がある」ことになっていても、それが実体として疑わしい状態は、1990年代のアフリカで注目された。冷戦終結後のアフリカでは、東西冷戦の重石がなくなったことで、逆にそれまで抑え込まれていた民族・部族間の対立が噴出し、内戦が相次いだ。

その結果、ソマリア、コートジボワール、シエラレオネなどで、武装勢力が各地を支配し、お互いに争う状況が生まれたのである。

一定の土地とその住民を、軍事力で実質的に支配し、一つの国のように振る舞う勢力を「軍閥《ぐんばつ》」と呼ぶ。軍閥が林立する国では、中央政府は首都近辺しか管理できず、その国の正統な政府と国際的に承認され、援助を受け取る以上の役割はほとんど果たせない。このような日本の戦国時代を思わせる状況は、「失敗国家」あるいは「破綻《はたん》国家」と呼ばれる。内戦発生後のシリアもやはり失敗国家と呼べるだろう。

ソマリアのなかの独立政権ソマリランド

ここでは失敗国家の典型例であるソマリアの事例をみていこう。ソマリアでは1991年、モハメド・シアド・バレ大統領（当時）がクーデタで亡命した。ソマリア人口の100パーセント近くはソマリ人だが、血統ごとの氏族に分かれている。

バレ追放後、新体制の主導権をめぐる氏族間の対立は全面的な内戦に発展し、さらに北部は「ソマリランド」を自称して独立を宣言するにいたった。こうして「失敗国家」ソマリアが誕生したのである。

翌１９９２年、米国と国連は「希望回復作戦」と銘打《めいう》った介入《かいにゅう》をおこない、事態の収拾をめざした。しかし、軍閥の一部が介入を拒絶し、国連部隊への攻撃が相次いだため、米国・国連は内戦の当事者になってしまった。

結局、国連部隊はソマリアに反米・反国連感情だけを残して、１９９５年に完全撤退を余儀なくされたが、これは現地の同意を得ないで介入することのむずかしさを国際社会に痛感させたといえる。

その後、ケニア、ジブチ、エチオピアなど周辺国の仲介で軍閥・氏族間の協議が進められ、２０１２年８月には暫定《ざんてい》憲法が発布され、連邦議会も発足《ほっそく》した。しかし、ソマリランドはこれに加わらず、その域内で独自の選挙をおこなうなど、事実上の独立政権でありつづけている。

さらに、内戦中にアルカイダからの支援で勢力を拡大させたイスラム過激派アル・シャバーブは、その縄張《なわば》りである南部一帯で、ソマリア憲法ではなくイスラム法を施行している。これら「国家のなかの国家」の存続は、いまだソマリアが「失敗国家」であることを示す。

その結果、ソマリアでは生きることすら困難な状況がある。２０１１年にソマリアで発生した干《かん》ばつは、国連が「過去60年間で最悪の飢饉《ききん》」と呼ぶ状況を生み、約84万人の難民が発生した。外部勢力の浸透を恐れた一部の軍閥やアル・シャバーブが、自らの縄張りに国連やＮＧＯが入ることを拒絶したため、被害はより悪化したのである。

イスラム圏内に増える失敗国家予備軍

ソマリアほどでなくとも、中央政府が実質的に機能しない状況は、広がりをみせつつある。米国のシンクタンク平和基金会は、2005年から毎年、独自の基準にもとづいて各国の「失敗国家指数」を発表している。このうち、もっとも危険度が高い「警報」レベルは2005年の33ヵ国から2014年の34ヵ国とほとんど変化していない。

しかし、同じ期間に、2番目に危険度が高い「警戒」レベルは43ヵ国から92ヵ国に増加した。それらはアフリカのほか、中東・北アフリカ一帯からコーカサス地方のイスラム圏の大部分を占める地域に多い。この地域で失敗国家の予備軍が急増する背景には国際テロ組織の活動、小型武器の流通（58参照）、「アラブの春」（41参照）などの政変、経済的な不安定、難民の増加などがあるとみられる。

世界の不安定化が「失敗国家」予備軍を増やす一方、「失敗国家」が世界の不安定化をうながしているのである。

54 なぜ21世紀にテロが増えたのか

イスラム復興と市場経済の広がり

21世紀はテロの世紀といえる。米国務省の『テロリズム国別報告』によると、テロによる世界全体での１年間の死者、負傷者は、同時多発テロ事件の翌２００２年にそれぞれ７２５人、２０１３人だったが、２０１３年には１万７８９１人、３万２５７７人にまで増加した。その多くはイスラム過激派によるものである。

なぜ、イスラム過激派によるテロ事件は増加したのか。そこには、おもに５つの重層的な要因を見いだせる。

第一に、もっとも大きな背景としてイスラム復興（8参照）があげられる。世俗的イデオロギーが求心力を失った１９７０年代から、その思想的真空を埋めるように、多くの宗教が活性化しはじめた。なかでも、人口規模にみるようにイスラムはその裾野《すその》が広く、地域を超えて普及しており、さらにその多くの国は欧米諸国と必ずしも友好的といいがたい。

また、政教一致を旨《むね》とするイスラムは、他の宗教より社会変革のエネルギーになりやすいといえる。イスラムの教義にもとづいて社会の現状を批判し、「世直し」を試みる動きは、過激派だけでなく、選挙への参加など平和的な手法を用いる団体の台頭《たいとう》にもみられる（59参照）。

第二に、冷戦終結後のグローバル化で、市場経済が世界のスタンダードになったことである。市場経済化は効率的な経済成長をうながした一方、貧困や格差などの社会問題を表面化させただけでなく、人々の生活における外資の存在感を大きくさせたため、その中心にある米国に対する反感が多くの開発途上国に広がった。イスラム圏もその例外ではない。

しかし、政府が社会的な安全網を整備できない場合も多く、そのなかで低所得層の生活を支援するムスリム同胞団（59参照）などのイスラム団体が支持を広げたことは、過激派と穏健派を問わず、イスラム主義者を増やす背景となった。２０００年代の資源ブームは、これに拍車をかけた。

情報伝達と武器流通の拡大

第三に、やはりグローバル化の一側面であるＩＣＴ（情報通信技術）の普及である。それ以前と比較して、ＩＣＴの発達・普及は膨大《ぼうだい》な量の情報の伝達を容易にしたが、これは社会の不公正に対する不満や批判を噴出させやすい側面があるといえる。

コミュニケーションが国際化しただけでなく個人化したことで、社会に違和感や拒絶反応をもつ過激派予備軍にとっては、自分と似た選好をもつ集団を、国境を超えてみつけやすくなり、逆に人員を必要とするイスラム過激派にとっては、宣伝やリクルートが容易にもなったのである（57参照）。

第四に、武器流通の規制緩和《かんわ》（58参照）である。武器が入手できることで、テロ活動は物理的に可能になる。テロリストがよく用いる自動小銃、拳銃、爆薬などは「小型武器」と総称されるが、その流通は兵器メーカーの要望により冷戦終結後に自由化された。

「商品」になった小型武器は、「需要があるところに供給が発生する」という市場原理にもとづき、内戦地帯などに流入しやすい。これもいわばグローバル化の暗部だが、タリバンのアヘン生産などイスラム過激派の違法な商業活動も、流通の規制緩和などによってうながされている。

テロ活動を糾合する方針

最後に、他の過激派組織や過激派予備軍を巻き込み、テロ活動をプロモートする組織が登場したことである。

アルカイダはグローバル反米ジハードを掲げることで、個別の国でバラバラに活動していたイスラム過激派に共通の一つの指針を示した。また、「イスラム国」は既存の国境を排したイスラム国家の樹立というもう一つの、しかしやはり多くの過激派を巻き込める方針を示した（52参照）。

これらの潮流が大きくなったことは、個別の過激派組織と直接関係をもたなくても、欧米諸国や自国の政府に漠然《ばくぜん》とした不満や拒絶反応をもつ過激派予備軍を感化し、２０１３年4月のボストン・マラソン爆破テロ事件のような「一匹狼型のホーム・グロウン・テロ」（その国で育った移民系市民が、自分の暮らす国への憎悪《ぞうお》にもとづいておこなうテロ活動）を誘発させる契機となったといえる。

こうしてみたとき、テロの多発は一過性の現象ではなく、歴史の積み重ねの結果とさえいえるのである。

55 グローバル反米ジハードという発明

かつては過激派の敵は自国政府だった

1998年の「ユダヤ教徒と十字軍の輩《やから》に対するジハードのためのグローバル・イスラム戦線の声明」（39参照）以来、「反米」はイスラム過激派の代名詞であるかにみえる。しかし、それ以前のイスラム過激派は、必ずしも「反米」一辺倒ではなかった。オサマ・ビン・ラディンを含めて、ソ連の侵攻を受けてアフガニスタンに参集したイスラム義勇兵は、米国から支援を受けていた。

むしろ、それ以前のイスラム過激派は、彼らが「背教者」とみなす自国の政府と敵対することが一般的であった。1998年の声明に名を連ねた5人は、サウジアラビア、パキスタン、バングラデシュから各1人とエジプトから2人であったが、このうちたとえばアイマン・アル・ザワヒリは1981年にエジプト大統領アンワル・サダトを暗殺（32参照）したジハード団の出身であった。

彼らの本国政府はいずれも総じて米国と友好的で、その意味で「敵」だったが、先述のように、それ以前は状況しだいで一時的に協力することさえあった。イスラム社会で根深く反米感情がある（43参照）にせよ、なぜイスラム過激派はこの時期に反米を強調し、しかも世界各地でのテロ攻撃を奨励しはじめたのか。

本国で孤立したため「敵地」で活動

これに関するイスラム学者の松永泰行《まつながやすゆき》の所説が興味深いので、紹介しておこう。松永によると、彼らが反米を強調するようになった要因は、本国での孤立にあるという。

ジハード団をはじめ、それまで各国政府を標的としたテロをおこない、イスラム国家の樹立をめざしていたグループは、１９９１年の湾岸戦争（38参照）以降、その活動を活発化させていたが、本国政府の取り締まりにより、１９９０年代後半までに多くのメンバーは投獄か国外逃亡を余儀《よぎ》なくされていた。

これを踏まえて松永は、それぞれの本国で孤立を深め、馴染《なじ》み深いアフガニスタンで再会した彼らが、活動の再活性化をはかるため、「二聖都の守護者」サウジアラビアにおける米軍駐留や第三の聖地イェルサレムにかかわるパレスチナ問題、米国のイラク政策（49参照）など、「オール・イスラム世界」的アジェンダを強調しはじめたと指摘する。

そうだとすると、「場所を問わない」テロ活動を称揚《しょうよう》したことも不思議でない。つまり、本国で孤立した過激派集団にとって、より容易に、しかも宣伝効果の高い破壊活動をおこなえるのが、米国などの「敵地」だからだと松永はいう。

これは「組織運営」という観点からイスラム過激派の「反米ジハード」戦略をとらえた指摘といえるが、全体的にうなずけるものである。

いかなる組織であれ、目標、人員、資金は不可欠な要素である。このうち、各国でバラバラだったイスラム過激派を糾合《きゅうごう》できる「反米」という目標を設定することで、その後アルカイダとして知られるようになったこのグループは、一気に知名度をあげたといえる。

1990年代後半に普及しはじめていたインターネットは、その宣伝をグローバルに拡散させ、イスラム過激派だけでなくその予備軍にアピールする基盤になった。

「本部」アルカイダと各国の「子会社」組織

一方、アルカイダにとって、各国のイスラム過激派からの支持を取りつけていったことは、各地に一種の「フランチャイズ」として人員を確保し、活動領域を拡大させることを可能にした。アラビア半島のアルカイダ、イスラム・マグレブ諸国のアルカイダなどは、その代表格である。

ただし、民間企業のフランチャイズと異なり、こちらの場合は本部の側が多くの資金を提供することで、人員の確保をさらにうながしたといえる。アルカイダにはサウジアラビアの財閥《ざいばつ》出身のビン・ラディンがいただけでなく、サウジアラビアなど湾岸諸国の政府からも資金が流れていたことは、いわば公然の秘密である（48参照）。

こうして、目標、人員、資金が噛《か》み合ったことで、アルカイダは一気に勢力を広げたといえる。この観点からすると、グローバル反米ジハードにはイメージ戦略や宣伝戦という側面が大きいが、他方でそれが効果を発揮したことは、イスラム社会に鬱積《うっせき》する反米感情をも浮き彫りにしたのである。

56 イスラム過激派はなぜ国境を超えて結びつくのか

国籍を超えた一体感が生まれる仕組み

アルカイダや「イスラム国」（IS）は、国境をまたいでメンバーをリクルートしたり、あるいは一匹狼型のホーム・グロウン・テロを奨励《しょうれい》したりしている。9・11の現場リーダーだったモハメド・アタ（39参照）に象徴されるように、イスラム過激派やその予備軍たちの多くは、欧米諸国あるいは西欧化されるイスラム社会に違和感や拒絶反応をもつとみられる。

しかし、多くのムスリムは欧米諸国に好意的でない（43参照）にせよ、イスラム過激派のリクルートやテロ実施の呼びかけに応えていない。なぜ、テロ組織に自発的に参加したり、感化されたりするムスリムがいるのだろうか。

これを考える際に重要なことは、そもそも人はどのようにして、特定の土地や集団と自らの一体性を見いだすかという問題である。

米国の比較政治学者ベネディクト・アンダーソンは、国家の一員としての自覚が、近代以降の資本主義経済によって広まった出版物を通じて生み出されたと論じた。つまり、一定の領域で共通の言語の小説や新聞などが普及し、それらのメディアを通じて、人はその領域の他のメンバーと「想像上の」絆《きずな》をもち、その国家の一員としての自らを無自覚のうちに意識するようになったというのである。

さらにアンダーソンは、この「想像の共同体」の概念を発展させて、出版物などが国際的に普及することで、移民などが出身国と一体感をもつ様相を「遠隔地ナショナリズム」と呼んだ。

アンダーソンの議論にのっとれば、情報通信技術（ＩＣＴ）の発達した現代では、ムスリムに限らず、移民が出身国と自らの一体性を日常的に確認することは容易である。ただし、ムスリムが「想像上で」自らを一体化させるなら、その対象は「国」でなく、国境を超えたイスラム社会でも可能なはずである。

元来イスラムは国境を超えて伝播《でんぱ》した世界宗教であり、ムスリムは国籍を超えた一体性をもちやすい（❹参照）。

いい換えると、ＩＣＴの普及で国境を超えたコミュニケーションが容易になったことは、これまで以上にメッカを中心とするイスラム社会の一員としての自覚を、各国のムスリムがもちやすい状況を生んだのである。

「イスラム過激派」というネット上の部族

ただし、いうまでもなく、ムスリム全般とイスラム過激派はイコールではない（❺❾参照）。なぜ、ごく少数とはいえ、イスラム過激派の宣伝に乗るムスリムがいるのか。

ここで参考になるのが、フランスの社会学者ミシェル・マフェゾリの「部族」の概念である。マフエゾリのいう「部族」は伝統的な意味でのそれと異なり、都市住民のなかで共通の趣味や嗜好《しこう》で集まる小集団を指す。

マフェゾリによれば、大量消費型のライフスタイルに対する疑問が生まれた１９７０年代以降、先進国の都市には性的嗜好から宗教的信条にいたるまで、共通の選好をもつさまざまな小集団が生まれはじめた。フェイスブックで共通の関心事をもつ小さなサークルが林立する状態は、その現代版といえる。

個々人が「部族」に吸収されることで、社会はもはや統合されたものではなく、選好ごとに結びついたコミュニティーがモザイク状に集まったものでしかないとマフェゾリはいう。

ＩＣＴの普及は、マフェゾリのいう「部族」として、イスラム過激派の予備軍を生みやすくしている。どこの世界でも、独善的な思考に傾き、周囲から疎《そ》外《がい》感を深めた者ほど、一般的に権威があるとみなされる知識人やメディアの言説を「体制の一部」ととらえ、反感を抱きがちである。

インターネット上で流れるイスラム過激派の宣伝は、おおむねコーランの一部を過度に強調するメッセージで、しかも正規のイスラム法学者でない者が発した法判断であることが多い（62参照）。しかし、もともとイスラム社会でも疎外感をもつムスリムほど、正規のイスラム法学者の穏当な言説と異なるこれらのメッセージに没入しやすいとみられる。

つまり、実社会での疎外感を埋める一体感を、インターネット上で発見した「部族」としてのイスラム過激派に求めているといえる。

57 なぜＩＳに人は集まるのか

欧米諸国から参加する若者たち

ＣＩＡなどの報告によると、「イスラム国」（ＩＳ）の独立宣言後の約3ヵ月で、約80ヵ国から約1万5000人の外国人戦闘員が集まった。その規模は、ＩＳの戦闘員の約半数を占めるとみられる。もっとも人数の多いチュニジアの約3000人をはじめ、その大半は中東・北アフリカからで、ロシア（44参照）や中国（45参照）からも参加者がある。しかし、ここで注目すべきは、この間に欧米諸国からも全体の約6分の1にあたる合計2493人がＩＳに参加したことである。なぜ、彼らはＩＳをめざしたのか。

欧米諸国からＩＳに参加する者の増加は、反移民感情の高まり、ムスリムに対する差別や偏見などで説明されることが多い。外国人処刑の映像にたびたび登場し、米英メディアで「聖戦士《ジハーディ》ジョン」と呼ばれるモハメド・エムワジは、その典型である。

クウェート生まれのエムワジは、幼少期に移住した英国の大学を卒業した。大学にはイスラム主義的なサークルもあったが、むしろエムワジが過激派に転向した転機は、卒業後に観光旅行でタンザニアに訪れた際、英国当局からソマリアのアル・シャバーブ（53参照）への参加が目的と疑われて拘束《こうそく》され、強制送還されたことだったといわれる。

それ以前から、英国の情報機関はエムワジに諜報《ちょうほう》員になることを求め、それを断られると「厄介《やっかい》なことになる」と脅《おど》したと、のちにエムワジは人権団体に語っていた。

英国社会ではやはり一人前に扱われないという疎外感や、人権尊重が標榜《ひょうぼう》されていても、「反テロ」の大義のもとで一般ムスリムがその対象から漏《も》れがちなことへの不満が、エムワジを過激派に変身させたとみられる。

ただし、このパターンがすべてではなく、支持者予備軍がＩＳに集まる動機づけは多様である。米国政府はＩＳ独立宣言後に米国からシリアに渡航した、あるいは渡航しようとして逮捕された者に共通するパターンを調査している。

そのほとんどは、20歳代前半までの若者で、ソーシャルメディアを通じてＩＳ支持を表明する点で共通する。しかし、その性別、人種、所得水準、教育水準はバラバラで、もともとのムスリムか最近になって改宗したかすら、共通項はない。つまり、誰がＩＳ支持者になるかは予測がむずかしい。

社会の不公正に対する解決策としてのＩＳ

とりわけ注意すべきは、同年代のなかでも教養のある欧米市民の若者が、自らイスラムに改宗し、ＩＳに参加する事例である。２０１５年3月にイラク西部で自爆したオーストラリア出身の18歳の少年は、母親の病死後にイスラムに改宗していたが、遺書とも思われるブログのなかで、自らがＩＳに身を投じた経緯を語っている。

それによると、高校生の頃インターネットを通じて自分で調べた「イラクとアフガニスタンでの戦争に関する欧米諸国の嘘と欺瞞《ぎまん》」に嫌悪《けんお》感を抱き、暴力的な革命こそ世界の病に対する処方箋《せん》だと確信したと述べている。

同様に、社会の不公正に対する一つの解決策をＩＳに見いだす若者は、数多く報告されている。

いかなる社会でも矛盾や不公正はある。しかし、情報化が発達した現代では、差別や格差などの不公正を認識しやすく、さらに米国政府が掲げ、いくつかの西側諸国が承認したイラク戦争の大義のように、不公正を覆う「建前」が容易に崩れやすい（49参照）。

つまり、信じられるものを得にくい。さらに、インターネットの普及はコミュニケーションの個人化を進め、それが孤立感を抱かせやすい（56参照）。

一方、ＩＳはその支配地域でイスラム法を施行するだけでなく、水道など公共サービスの提供や、独自通貨やパスポートの発行など、国家としての体裁を整えてきた。その様子は、社会から疎外感を強めるムスリムや、自国の社会の不公正に違和感を覚える若者に、「そこに行けば、理想的な社会を一緒に創る仲間に入れる」という受け皿に映るとみられる。

その意味ではＩＳの宣伝が功を奏しているといえるが、他方でＩＳを壊滅させたとしても、それは先進国の若者に広がる鬱屈《うっくつ》の改善にはつながらない。ＩＳの台頭は、先進国自身の問題をもあぶり出したといえる。

58 テロリストが武器を手に入れるのを止められないのか

冷戦後、自由化された小型武器の流通生産

各地で発生する無差別発砲や爆破などのテロ事件は、テロリストが武器を入手できるがゆえに可能になる。テロリストは、どこから武器を手に入れているのか。

テロリストがおもに用いる自動小銃、拳銃、爆薬などは、小型武器と総称される。冷戦時代、東西陣営はこれらの流通を厳しく管理し、自らが支援する国やゲリラ組織以外の手に渡ることを避けていた。

しかし、冷戦終結後、最大の輸出国である米国の兵器メーカーが政府に規制緩和を求め、ハイテク兵器をのぞく小型武器の輸出は原則自由化された。これと連動して、欧米諸国の兵器メーカーが他の工業分野と同様に海外企業にライセンス生産を認めたため、小型武器の生産・輸出国は飛躍的に増加した。

武器以外に国際競争力のある工業製品が乏《とぼ》しいロシアや「世界の工場」となった中国も参入し、さらに違法取引も増えたことで、小型武器市場は飽和《ほうわ》状態となったのである。２００２年にコフィ・アナン国連事務総長（当時）は、世界全体に６億丁の小型武器があると報告している。

その弊害《へいがい》は、1990年代にすでに表面化していた。冷戦終結後、ユーゴスラビアやアフリカなどで内戦が相次ぐなか、「需要があるところに供給が発生する」という市場原理にもとづき、「商品」となった小型武器がこれらの地域に集中した。

過剰供給は商品の単価を引き下げる。もっともポピュラーな自動小銃AK－47の場合、多くの紛争《ふんそう》地帯において10～100ドルで売買される。これが市民の武装を可能にしてコソボなどでの虐殺《ぎゃくさつ》を誘発させ、誘拐《ゆうかい》した子どもを戦闘に参加させる「子ども兵士」をアフリカなどに生む一因になったといえる。

テロ組織は市場から武器を入手

「小型武器は事実上の大量破壊兵器」という認識が広がるなか、EU、カナダ、アフリカ諸国などの主導で、2001年に国連小型武器会議が設置された。これは小型武器の違法取引を抑制し、合法的な取引の管理を強化するために、各国にアイテムへの製造ナンバー打刻の徹底、流通の記録管理、エンドユーザー確認システムの構築、情報共有などを求める組織である。

つまり、国連小型武器会議は、あくまで「違法な」取引の規制を各国に求めるもので、「取引量の削減」をめざすものではない。これは小型武器の大輸出国である米国、ロシア、中国だけでなく、軍事力の強化をはかるアラブ諸国などに、取引そのものの規制に対する抵抗が強かったためである。

その結果、合法的な小型武器の流通は2001年以降もむしろ増加している。「スモール・アームズ・サーベイ」によると、２００１年に23億８０００万ドルだった世界全体での小型武器取引は、２０１１年には46億３０００万ドルにいたった。

アルカイダなど国際テロ組織はケイマン諸島などのタックス・ヘイヴン（租税回避地）にフロント企業をもち、これがタリバンのおもな財源であるアヘンの栽培・販売で得た資金の洗浄など、合法的な市場との接点になっているとみられる。

輸出国が取引の管理を強化しても、グローバルな市場経済の仕組みが仇《あだ》となって、テロ組織は小型武器を合法的に入手できるのである。

のみならず、小型武器の違法な取引を規制することは困難である。２０００年代から国連などは、紛争地帯に出回った小型武器を前戦闘員から買い上げ、職業訓練などをほどこすＤＤＲ（武装解除、動員解除、社会復帰）と呼ばれる取り組みを各地でおこなってきた。

しかし、若い頃に戦闘に参加した者ほど武器を手放したがらないだけでなく、すでに出回っている量が膨大であるため、すべてを回収することはほぼ不可能である。過去に過剰に流通した小型武器は、闇市場を通じて「需要のあるところ」に拡散することになる。

冷戦時代、各地のゲリラ組織は東西陣営からの援助によって武装活動をおこなうことが多かった。現代のイスラム過激派は、これと異なり、合法と違法を問わず市場を通じて資金を獲得《かくとく》し、武器を入手する。この状況は、国際テロ組織の行動をコントロールできる存在がないことを意味するのである。

59「原理主義」と「過激派」はどう違うのか

現実的な世直しをめざす「イスラム主義」

日本で「イスラム原理主義」という言葉が流布《るふ》しはじめたのは、１９８０年代初頭である。もともと原理主義（Fundamentalism）は米国の敬虔《けいけん》なキリスト教徒を指す言葉で、狂信的や時代錯誤《さくご》的といったニュアンスを含む、ネガティブな他称である。「自分は原理主義者だ」と胸を張っていう人間はいない。

そのため近年では、英語の表現にならって「イスラム主義」（Islamism）と呼ぶことが多い。イスラム主義とは、イスラムの教義で社会を再構築しようとするイデオロギーである。宗教のイデオロギー化は、西欧のキリスト教民主主義などにもみられる。そこには宗教的理念にもとづく社会という、実現すべき一つの「世界観」と、その観点からモラルの低下など社会の現状に対して下される「批判的な価値判断」と、社会改善のために示される「具体的な解決法」がある。

イスラムの場合、ほとんどのイスラム主義者はムハンマドが率いた信徒共同体を社会の理想型ととらえる。しかし、現代社会を「7世紀のアラビア半島の状態に戻すこと」は事実上不可能である。したがって、ほとんどのイスラム主義者は、近代的なものや外来のもののすべてを否定するわけではない。

たとえば、エジプトで生まれたイスラム主義組織のムスリム同胞団は、「喜捨《きしゃ》」の精神にもとづいて貧困層に医療や教育サービスを提供する一方、選挙を通じた政権の獲得をめざしており、実際にトルコでは2002年以降、政権をにぎっている（21参照）。

つまり、民主主義の理念を否定していないのである。また、選挙に出る以上は、他人の思想信条を全面的に否定することもない。このようにイスラム主義は、現代の社会でイスラム的価値を実現させるための「世直し」をめざすイデオロギーといえる。

不正を正そうとして現実否定に走る「過激派」

このイスラム主義者の一部に、イスラム過激派がいる。イスラム的価値の実現をめざす点で両者は同様で、イスラム復興のなかで台頭した点も共通する。しかし、イスラム過激派は目的のために暴力的手段を辞さない点だけでなく、志向でも多くのイスラム主義者と異なる。

そのうち、近代的なものや外来のものに関するとらえ方は別項で述べる（62参照）として、以下では他のムスリムの考え方に関するとらえ方をみていこう。

イスラム過激派の始祖は、661年に第四代カリフのアリーを暗殺し、「異端」として壊滅《かいめつ》されたハワーリジュ派（14参照）にさかのぼることができる。その考え方の特徴を、イスラム学者の中村廣治郎《なかむらこうじろう》は以下の3点にまとめている。

強烈な終末意識と現世否定の思想、動機づけと行為の一体性を重視する倫理的リゴリズム（厳格主義）、大罪を犯せば誰でも罰せられるべきという平等主義、の3つである。

この3点にもとづくイスラム過激派の主張を要約すると、こうなる。

「イスラム共同体のメンバーは、その内部で正義を実現し、さらにそれを地上に拡大させる使命を一致して帯びている。しかるにイスラム共同体には不正がはびこっており、不正をおこなっている連中の力は強大である。しかし、自分もイスラム共同体の一員であり、もし不正を正す努力をしなければ、来世で神に申し開きできず、永劫《えいごう》の罰を受けることになる。だから、来世で安寧《あんねい》を得るためには、現世で罰せられたり、死ぬことになったりしても、不正を正さなければならない」

問題は、「不正」の認定が一方的なことである。ハワーリジュ派はアリーを暗殺しただけでなく、一般ムスリムにも誰彼なく問答をしかけ、彼らが「社会の不正を正す努力をしていない」と認定した者を「背教者」として殺害してまわり、当時のイスラム社会を恐怖におとしいれた。

教義をきわめて厳格に解釈し、その理念で社会を再構築することに専心するあまり、それに合致しない現実を憎悪した結果、それぞれの人間の生命や生活を無視して、暴力的手段に訴える。この思考パターンは、一般ムスリムを巻き込んだり、自爆したりすることすら厭《いと》わないテロをおこなう現代のイスラム過激派にも通じるといえる。

60 ボコ・ハラムはなぜ集団誘拐をするのか

「西洋の教育は罪」という組織名

２０１４年４月、ナイジェリアのイスラム過激派ボコ・ハラムは、２００人以上の女子高生を誘拐したことで、その名を世界に知られた。パキスタン・タリバン運動によるマララ・ユスフザイ銃撃（23参照）に代表されるように、多くのイスラム過激派も世俗的な教育、なかでも女子教育を敵視するが、彼女らを殺傷することはあっても、集団で誘拐することはほとんどない。

なぜ、ボコ・ハラムは集団誘拐をおこなうのか。そこには、アフリカのローカルなイスラム過激派ならではの事情がある。

１億６０００万人以上の、アフリカ大陸一の人口を抱えるナイジェリアは、南部にキリスト教徒が多く、北部にムスリムが多い。２００２年に同国北部で誕生したボコ・ハラムの組織名は、ナイジェリアの主要言語の一つであるハウサ語で「西洋の教育は罪」を意味する。

その名のとおり、進化論などコーランの教えに合わない世俗的な教育をおこなう教育機関だけでなく、アルコール販売業者、さらにそれらを許可するナイジェリア当局への抗議活動をおこなうなかで勢力を広げ、２００９年に治安部隊と衝突して以来、その活動は一気に過激化した。

その初代指導者モハメド・ユスフ（２００９年に治安部隊との銃撃戦で死亡）、第二代指導者アブバカル・シェカウをはじめ、メンバーのほぼ全員がナイジェリア人で、ボコ・ハラム設立まで中東・北アフリカとほとんど接触がなかったとみられる。

つまり、そのテロ活動の発端は、グローバル反米ジハードに感化されたものというより、ナイジェリア社会に固有のものといえる。

人身売買や身代金が資金源

大陸一の産油国でもあるナイジェリアには、資源ブームで海外から投資が相次いだ（35参照）。しかし、政府や国営企業には汚職が蔓延《まんえん》している。２０１４年3月、ナイジェリア国営石油の収益のうち毎月10億ドル以上が過去19ヵ月にわたって使途不明だったことが発覚したが、これは氷山の一角にすぎない。

その一方で、世界銀行の統計によると、1日2ドル未満の所得水準の人口は全体の8割以上にのぼる。資源ブームの恩恵は一般市民にほとんど還元されていないのである。しかも、油田は南部に集中しており、北部住民は資源収入の恩恵と縁遠い。

こうした背景のもと、ボコ・ハラムは貧困層の若者を吸収し、勢力を拡大させたのである。

そのため、ボコ・ハラムの行動パターンには「社会への報復」が色濃くある。これは多かれ少なかれ、どのテロ組織も抱える要素だが、少なくとも公式にはイスラム主義的な論理で社会の「浄化」

（61参照）をはかるタリバンなどとは温度差がある。

米国務省の報告によると、２０１３年度のボコ・ハラムによる襲撃件数は２１３回で、殺害人数は１５８９人であった。これはタリバン（６４１回、２３４０人）、ＩＳＩＬ（４０１回、１７２５人）を下回るものの、１回当たりの襲撃での殺害人数は、タリバンの約2倍におよぶ。ここに、「報復」をおもな原動力とする凶暴さと見境のなさを見いだすことができる。

これに加えて、ボコ・ハラムのメンバーのほとんどを占める貧困層の若者にとって、テロ活動は「生計を立てる手段」でもある。

サウジアラビアなどペルシャ湾岸諸国からの送金があるアルカイダや、油田を抱えるＩＳと異なり、ボコ・ハラムの資金源は人身売買や誘拐の身代金がほとんどとみられる。そのためボコ・ハラムが世俗的な学校を襲撃した際、男子生徒は殺害されても、「商品価値の高い」女子生徒は誘拐されることが多い。

冒頭で触れた集団誘拐も、この観点から理解できる。また、家族が誘拐された農家が「身代金を払えないなら牛をよこせ」と脅迫《きょうはく》される事例も数多く報告されている。この商業主義も、政治的な目標を前面に掲げるタリバンなどとの違いといえる。

これに象徴されるように、イスラム過激派はそれぞれの土地のローカルな問題を起点にすることが多く、ＩＳやアルカイダなどのグローバル・ネットワークは一枚岩ではない。しかし、それは逆に、ネットワークの中枢《ちゅうすう》部分だけを破壊しても全体を壊滅することにつながらないことをも意味する。

61 過激派による「浄化」はイスラム社会でどうとらえられているか

保守主義と反動思想

人間の理性と意志で社会を創造することを是認《ぜにん》する思考は、近代西欧で生まれた。しかし、そのリバウンドで、近代西欧では人間の理性に限界を見いだす、保守主義と反動思想という2つのイデオロギーも生まれた。

単純化すると、保守主義は人間の理性が万能というとらえ方には否定的だが、歴史のなかで生まれた新たな要素を必ずしも排除せず、それと古いものの一致をめざす立場である。この立場から、立憲君主制は擁護される。

一方、反動思想は国家や社会を神の被造物ととらえ、人間の理性でこれを創造することはできないので、近代化以前のローマ法王中心の世界に戻すべきという立場である。

歴史の積み重ねを受け入れるか、拒絶するかで、保守主義と反動思想は相反する。

この対比は、現代のイスラム社会を識別するうえで役に立つ。ほぼすべてのイスラム主義者は、ムハンマドに率いられた信徒共同体を理想とする点で共通する。ただし、多くのイスラム主義者は歴史の逆転が不可能ととらえる。

そのため、伝統的なイスラム社会になかった民主主義や女子教育（23参照）など、歴史のなかで流入し、多くのムスリムに支持されるものを、全面的には否定しない（27参照）。厳格なワッハーブ派の教義のもとにあるサウジアラビアでさえ、女子教育はおこなわれている。

しかし、無差別に受け入れればイスラム社会として成り立たないので、何を取捨選択するかが重要になる。そのため、女子教育に反対するイスラム主義者はほとんどいないが、男女共学に賛成するイスラム主義者も稀《まれ》である。多くのイスラム主義者は、先進国でいう保守主義者に近いといえる。

これに対して、イスラム主義者のなかでも過激派には、科学技術など思想性の乏しいものをのぞき、ムハンマドの時代になかった要素を極力排除しようとすることがめずらしくない。アフガニスタンを支配したタリバン政権（36参照）が選挙を否定し、女子教育を禁止したことは、その典型である。その思考は歴史を逆転させ、7世紀のアラビア半島に近づけるために社会を「浄化」しようとするもので、反動思想に近い。

ピラミッドやスフィンクスを破壊せよ⁉

イスラム過激派の場合、「浄化」の対象は近代的なものだけでなく、異教徒に対しても向かう。タリバンが2001年にバーミヤンの仏教遺跡を破壊したことは、やはりこの思考パターンにもとづく。

しかし、このような「浄化」がイスラム社会で広く受け入れられているとはいえない。2012年10月にパキスタン・タリバン運動（TTP）は、女子教育の普及を訴えていたパキスタンの中学生マララ・ユスフザイを銃撃して重傷を負わせた。これに対して、事件発生直後にパキスタンのイスラム法学者50人が連名で、TTPの行為がイスラム法に反するという法判断を発した。

イスラム過激派が自らの考え方に合わない者を一方的に「背教者」と断じて攻撃することは、一般ムスリムや多くのイスラム主義者にとっても脅威《きょうい》でしかない。

また、やはり2012年に元タリバンのエジプト人過激派が、ギザのピラミッドとスフィンクスを破壊すべきという法判断を発したが、ほとんどのムスリムから黙殺《もくさつ》されただけでなく、別のイスラム主義者から「預言者はたしかに多神教の偶像を破壊した（❸参照）が、それは多神教徒がそれらを崇《すう》拝《はい》していたからで、ピラミッドやスフィンクスを崇拝している者はいない」とイスラムの論理で批判された。

観光業がエジプトにとって重要な収入源であることを考えれば、ひたすら「浄化」することが受け入れられにくいことは、想像に難《かた》くない。一つの理念で社会を純化しようとするあまり、現実感覚が薄いことが、過激派の特徴といえる。

ただし、「浄化」に明確に反対することも、多くのムスリムやイスラム主義者にとっては勇気がいる。2014年、マララ・ユスフザイがノーベル平和賞を受賞した際、TTPの襲撃を恐れ、パキスタンでは目立った祝賀はおこなわれなかった。歴史を逆行させる主張よりむしろ、他の意見を拒絶する偏狭《へんきょう》さと暴力にこそ、過激派の問題があるといえる。

62 イスラム主義は近代化を拒絶しているのか

「自分で自分の一生を選択できる」権利

15世紀に西欧で生まれた「近代化」の波は、科学技術や資本主義経済を発達させただけでなく、民主主義や自由、人権といった理念や制度を生み出してきた。これらに共通する、近代化の核にある要素は、一方的にルールを課されることを拒絶し、最上と思われるルールを自分たちで選び取る「選択の自由」を尊重するという発想である。

そこでは、人間の理性が重視される。ガリレオが天体観測で地動説を確認したことは、カトリック教会の教義にひたすら従うことへの疑問を抱かせ、その後の「理性による選択」にもとづく近代化のスタートになった。

そのなかで発達した人権という観念は、単純化すれば運命という「自分でないもの」に従うのではなく、「自分で自分の一生を選択できる」権利である。この観点から、生まれつきの生物学的な性を否定して、これを入れ替えて生きるという選択も、権利として認められるのである。

これに照らすと、イスラムには近代化に合わない箇所が目立つ。イスラムの教義には、女性の社会進出を制約したり、同性愛を禁じたりする内容がある。また、表現の自由も全面的には認められていない（**16**参照）。

そのため、欧米諸国には「イスラムは反近代的」という見方すらある。この見方からすると、イスラム国家の樹立をめざすイスラム主義もまた、近代化を拒絶していると映る。

イスラム主義の台頭は近代化の一つ

イスラムの考え方は「すべてを神の権威のもとに置くこと」が大前提である。人間の理性に限界があることを積極的に認めているのである。だから、コーランの内容を解釈することは認められても、その良し悪しを人間が勝手に判断してはならない。近代西欧で発達した「人間の理性を全面的に信頼し、その意志に従ってルールをつくるべき」という発想は乏しい。

さらに、コーランにもとづくイスラム法には形式的にではなく全人格的に従うことが求められる。したがって、「思想信条の自由」も限界がある。

こうしてみたとき、イスラムに個人の自由を制限する要素があることは確かである。ただし、宗教としての教義はさておき、少なくともイスラム主義というイデオロギーが近代化を否定しているとはいえない。

１９７０年代半ば以降のイスラム復興は、ムスリムが「主体的に」教義に回帰することで生まれた。さらに、上級イスラム法学者が政府と結びつき、政府を擁護しがちなこと（**17**参照）に不満をもつ人々が、現状改革の手がかりを求めて、直接コーランやハディースを読み、小規模な宗教サークルに足を運ぶなかで、イスラム主義者は増加していった。いわば、イスラムにもとづくイデオロギーを自ら「選択」したのである。

このように、イスラム法学者の権威に頼らず、自らの判断で教義に従い、それにもとづく社会改革を試みる思考パターンを、社会人類学者の大塚和夫《おおつかかずお》は「プロテスタンティズム的」と表現している。

その意味で、西欧と異なって人間の理性に全幅《ぜんぷく》の信頼を寄せないにせよ、イスラム主義の台頭はイスラム的文脈での近代化の一端を示すといえる。ただし、前提条件が異なる以上、その近代化の行き着く先は、西欧と同様の社会ではないとみられる。

近代化がもたらす破壊と創造

ところで、上級イスラム法学者の権威が低下し、人々が自ら教義を判断しようとすることは、２つの異なる効果をもたらす。イスラムのレトリックと用語で政治活動を活発化させることは、「アラブの春」（**41**参照）のように、権威主義的な体制に対する民主化運動の理論的支柱を提供する。

その一方で、もともと曖昧《あいまい》なイスラム法学者と一般信者の境界がさらに曖昧になることで、正式なイスラム法学者としての修行と経験がないにもかかわらず、本来イスラム法学者だけに認められる行為であるイスラム法判断をおこない、テロ活動を正当化する者も増えている。反米ジハードの法判断を発したオサマ・ビン・ラディンらの過激派は、おおむねこれにあたる（**39**参照）。

近代化そのものがそうであるように、イスラムの近代化もまた、創造だけでなく破壊をもたらしているといえる。

63 イスラム社会で宗教は共存できるのか

イスラム帝国で信仰を保障されていた啓典の民

中東・北アフリカを中心に、イスラム社会では宗教・宗派間だけでなく、イスラム主義者と世俗派とのあいだでの争いがとまらない。その対立の一つの焦点《しょうてん》は、イスラム法の執行である。

エジプトやパキスタンなどイスラム法が部分的にしか適用されない国では、その全面執行を求めるイスラム主義者が少なくないが、これは個人の権利をより認めるべきと考える世俗派ムスリムからだけでなく、他の宗教・宗派からも警戒される。

イスラム法は本来ムスリムだけを対象にするが、サウジアラビアなどのように、ムスリム以外にも適用されることがあるからである。多くのイスラム主義者にとってイスラム法の執行は理想だが、それは社会の分裂《ぶんれつ》を深める一因にもなっているのである。

宗教・宗派の違いを対立に発展させないことは、イスラム社会でも中世以来、大きな課題だった。そのため歴代のイスラム帝国では、キリスト教徒やユダヤ教徒は課税などで信仰を保障されていたのである。オスマン帝国（31参照）の繁栄は彼らの商工業者にも支えられていた。

ただし、特定の宗教の信者に特別の税金を課すことは、現代では逆に差別的となる。それでは、イスラム圏で少数派の宗教・宗派が、少なくとも社会的に疎外感を抱きにくい体制には、どのようなものがありうるか。

ムスリムと非ムスリムが共存するマレーシア

そのモデルとしては、まずマレーシアがあげられる。東南アジアではマラッカ王国（❸参照）の時代から多様な宗教が行き交うなか、ムスリムと非ムスリムの共存が進んできた。

このうちマレーシアではイスラムが国教で、スルタンが国家元首だが、イスラム法は刑事問題には適用されず、非ムスリムには適用されない。非ムスリムは人定法に従うのである。非ムスリムにイスラム法が強制されないことは、他宗教との共存に欠かせない条件といえる。

これに加えて、イスラム国家であってもマレーシアでは非ムスリムが社会的に一方的に不利に扱われない。政治の実権はムスリムのマレー人ににぎられているが、人口の約３割を占めるインド系や中国系にはビジネスで生きる道が開かれている。

つまり、非ムスリムは少数派だが、まったくの弱者でもない。その結果、富裕層が非ムスリムに偏《かたよ》ることで、逆にマレー人の不満も高まっており、マレーシアも宗教・宗派対立と無縁ではないが、混迷する中東・北アフリカと比較すれば、おおむね安定しているといえる。

人口に比例して権力を分け合うレバノン

もう一つ、レバノンのモデルも紹介しよう。レバノンでは多数の宗教・宗派がモザイク状に分かれて生活しており、独立段階でその人口に比例して権力を分け合う「宗派体制」が採用された。

これにより、人口が多い順にキリスト教マロン派に大統領、イスラム・スンニ派に首相、イスラム・シーア派に国会議長のポストが、それぞれ割り当てられ、議席数も人口比に応じて配分される。イスラム法は、やはり原則的にムスリムだけに適用される。

ただし、人口調査がフランスの統治下にあった1932年以来おこなわれなかったため、その後人口が増えたムスリムがその実施を要求したが、キリスト教徒がこれを拒んだため、1970年代頃から宗教・宗派対立が噴出した。

その結果、1975年にレバノン内戦（47参照）が発生し、その後もイスラエルの侵攻や、これに対するシリア、ヒズボラ（48参照）の活動で、安定からほど遠い状態にある。

とはいえ、2000年のイスラエル撤退後、各派間で首相、国会議長の権限強化、議席配分の見直しなどが合意されたことは、原則的に宗派体制を維持することが長期的安定に資するというレバノン内部の広範な見方であることを示す。

厳格なイスラム国家イランでも、国教の十二イマーム派以外の少数派に議席が保障されるなどの配慮はみられる。

もちろん、各国ごとに事情は異なるため、これらの考え方をそのまますべてのイスラム諸国に適用することはむずかしい。しかし、これらの事例は、少数派を一方的に抑え込むことが逆に社会にとって危険であることを示しており、その点ではイスラム圏以外の国にとっても教訓とすべきものがあるといえる。

64 空爆でテロは抑え込めるのか

空爆が新たなテロを生む

対テロ戦争がはじまって以来、各国はテロリストの鎮圧に空爆をおこなうことも少なくない。ただし、空爆は航空・対空兵力に乏しいテロ組織を効果的に鎮圧できる半面、民間人の犠牲《ぎせい》者も多く出しがちである。チェチェン内戦でのロシア軍による空爆を含む苛烈《かれつ》な鎮圧は、欧米諸国から「人権侵害」の批判も出るほど、女性や子どもを含む数多くの民間人からも死者を出した（44参照）。

これは新たなテロの導火線にもなっており、２０１３年12月のヴォルゴグラード駅舎爆破事件などの自爆テロ事件では、女性が実行犯になるケースが目立つ。その多くはチェチェンで肉親を殺された女性とみられており、欧米メディアでは「黒い未亡人」と呼ばれる。チェチェンでは強硬なテロ対策とテロ活動の悪循環におちいっているといえる。

充分な確認なしにいきなり攻撃する無人機

空爆がもつ二面性と、これが新たなテロの悪循環を生む構図は、米国主導の対テロ戦争でもみられる。それは特に、米国が２００４年以降、パキスタン、イエメン、ソマリアなどでおこなってきた無人機作戦で顕著《けんちょ》である。

無人機（ドローン）によるロケット攻撃がテロリストの掃討《そうとう》に効果をあげてきたことは確かである。米軍による無人機作戦のおもな舞台となってきたパキスタンでは、２００９年８月のパキスタン・タリバン運動（ＴＴＰ）司令官バイトゥッラー・メスード、２０１１年８月のアルカイダ幹部アティヤ・アブドゥルラフマン、２０１２年６月のアルカイダ幹部アブ・ヤヒヤ・アル・リビなど、テロ組織指導者の殺害が数多く報告されている。

特にアルカイダのナンバーツーだったヤヒヤ・アル・リビの死は、組織の求心力を大きく低下させた。

通常の航空機と比べて無人機は音が静かで、接近しても気づかれにくい。米国政府は米兵や民間人から犠牲者を出さずにテロリストだけを攻撃できるとして、その効果だけでなく「人道性」をも強調する。

ただし、無人機の操縦者はモニター越しで対象をみるため、標的の確認が不充分になりやすい。そのため、畑を耕している姿が地雷《じらい》を埋めている姿に映り、攻撃されるといったケースも数多く報告されている。

国連の報告によると、２００４年から２０１３年までのあいだにパキスタンで実施された無人機攻撃で約２２００人が殺害されたが、そのうち約４００人は民間人だった可能性が高い。米国政府は「人道性」を強調しながらも、詳細なデータを公表しない。

充分な確認なしに、しかも投降をうながさずにいきなり攻撃することから、アムネスティ・インターナショナルなど国際人権団体は、無人機攻撃が「戦争犯罪」に当たる可能性を指摘している。

タリバン兵士12人と民間人39人を殺害

こうした背景のもと、無人機攻撃がパキスタンの反米感情を高めたとしても不思議ではない。米軍はパキスタン政府の同意をへないで無人機作戦を実施してきたため、パキスタン政府はその中止を再三求めてきた。

２０１１年３月、アフガニスタン国境に近いノース・ワジリスタンで、タリバン兵士12人と民間人39人を殺害した無人機攻撃を受けて、現地の部族長らは犠牲者の遺族に対する、それぞれ約３５００ドルの補償を求めた。

このケースでは、パキスタン政府の仲介で米国政府は補償に応じたが、先述のように実施に関するデータが不明確なため、すべてのケースに自ら率先して対応するわけではない。

パキスタンは冷戦時代から米国と同盟関係にあるが、２０１３年のピュー・リサーチ・センターの調査によると、米国に好感をもつ人の割合は11パーセントにとどまり、これは調査がおこなわれた国のなかで最低だった。

この状況は、イスラム過激派によるリクルートや破壊活動をうながしやすくする。米国務省の統計によると、２０１３年に発生したイスラム過激派によるテロに関してパキスタンでの襲撃事件は１９２０件（世界第2位）、死者数は２３１５人（同第3位）、負傷者数は４９８９人（同第2位）と、いずれも世界有数の水準にあった。

米軍が重点的にテロ対策をおこなっているパキスタンにおけるこの状況は、空爆がさらなる憎悪とテロを呼ぶ悪循環におちいっている点で、チェチェンと大きな差はない。それは力に頼りすぎるテロ対策の逆効果を示すといえる。

第5章　これからのイスラムの結束と敵対

65グローバル・ジハードは鎮静化するか、活発化するか

アルカイダからISへの世代交代

アルカイダはグローバル反米ジハードを掲げることで、イスラム過激派に共通の目標を生み出した(55参照)。いい換えると、アルカイダはイスラム過激派の世界に一つのスタンダードを生んだといえる。

しかし、ジェマー・イスラミア(67参照)をはじめ、各地のアルカイダ系組織の多くは、対テロ戦争によって主だったメンバーが殺害・投獄され、戦闘員も四散した結果、その勢力は衰えた。その間隙《げき》を縫うように、2014年6月に「イスラム国」(IS)は独立を宣言し、イスラム過激派の世界の世代交代を印象づけたのである。

それでは、イスラム過激派の主流がアルカイダからISに移ることで、グローバル・ジハードは鎮静化するのだろうか。

アルカイダは欧米諸国や、それに協力的な各国での無差別テロをおもな手段としてきた。これに対して、ISはイラク北部からシリア東部にかけての一帯を支配し、ここを中心にイスラム国家の領土を拡張させることにエネルギーの多くを傾注してきた。アルカイダの掲げるグローバル反米ジハード

がゴールの見えない、いわば半永久的な活動方針であるのに対して、ＩＳの目標設定は完成形がイメージしやすいうえ、実際に一定の領域を支配しているために、支持者予備軍が自ら集まって来やすい（57参照）。これがその勢力拡大に結びついたことに鑑《かんが》みれば、ＩＳは少なくとも当面、グローバル・ジハードより領域支配を優先させるとみられる。

ただし、「イスラム国家の樹立」がイスラム過激派の世界のスタンダードになったとしても、それは欧米諸国などＩＳの領土拡張計画に含まれない地域が、グローバル・ジハードの脅威《きょうい》から解放されることを意味しない。そこには大きく2つの要因があげられる。

追い詰められたアルカイダが反撃

第一に、イスラム過激派の世界の主流の座から滑り落ちたとはいえ、アルカイダ系組織は壊滅されたわけではない。しかも、ペルシャ湾岸諸国の富裕層などから資金を調達しつづけるために、ＩＳとのライバル関係のなかで存在感を示しつづけなければならない立場にある。

２０１５年1月のフランスの新聞社シャルリ・エブド襲撃事件では、アラビア半島のアルカイダが犯行声明を出した。ムハンマドの風刺《ふうし》画に端を発するこの事件は、西欧諸国で反移民感情を沸騰《ふっとう》させる契機になったが、その反動でイスラム社会からも「表現の自由」への反発を幅広く招いた。

こうした混乱や対立は、テロ組織にとって「成果」である。つまり、欧米諸国やＩＳによって追い詰められることは、アルカイダがグローバル・ジハードを活発化させる契機にもなるのである。

本国に戻ったIS戦闘員が活動

第二に、ＩＳも欧米諸国などでのテロ活動を否定していないことである。その論理によると「イスラム圏に侵入する異教徒」は「ジハード」の対象になる。そのため、２０１４年10月のカナダ連邦議会襲撃事件や同年12月のオーストラリアでの人質立てこもり事件など、ＩＳに感化されたイスラム系市民による一匹狼型のホーム・グロウン・テロは、今後とも発生し得る。

これに加えて、ＩＳに外国人戦闘員が集まったことは、結果的に彼らに実戦経験だけでなく、ネットワークをも提供した。ＩＳで言語別に部隊が編成されることは、出身地域の近い外国人戦闘員同士の結びつきを強める効果があるとみられる。

つまり、１９８０年代にアフガニスタンに世界中から参集したイスラム義勇兵（36参照）がのちにアルカイダ・ネットワークを生んだように、シリアに集まったＩＳ支持者はその本国などにテロを拡散させる触媒《しょくばい》となる。

たとえば、２０１５年3月末にイラクの要衝《ようしょう》ティクリートが解放されたが、それと前後してＩＳに参加していたタジク人戦闘員のグループが、本国タジキスタンでの活動を活発化させると宣言した。タジキスタンを含む中央アジア諸国では、イスラム過激派の活動が総じて抑え込まれてきた（66参照）が、ＩＳ戦闘員の帰国は、本国にとって新たな脅威になったのである。

こうしてみたとき、アルカイダからＩＳへの世代交代は、グローバル・ジハードの鎮静化をもたらすものといえないのである。

66「周辺部」でイスラム過激派は台頭するか１　中央アジア

中央アジアの過激派はＩＳ不支持

「イスラム国」（ＩＳ）の台頭をはじめ、中東・北アフリカではテロ活動が激しさを増しているが、アジア、アフリカなどイスラム世界の「周辺部」の過激派はこれに連動するのか。ここでは中央アジア５ヵ国をみていこう。

中央アジアはアフガニスタン、チェチェン、中国の新疆《しんきょう》ウイグル自治区など、イスラム過激派のテロが頻発する土地に囲まれている。また、国境を越えて移動するタリバンの影響も強い。そのため、タリバンとの関係も指摘されているウズベキスタン・イスラム運動が１９９９年にキルギス領内で日本人鉱山技師４人を人質にする事件を起こすなど、この地域でもテロは皆無《かいむ》ではない。

しかし、それでも中央アジアではイスラム過激派のテロが全体的に抑制されている。２０１３年に米国務省が発表した、世界でもっともテロの発生件数が多い10ヵ国に、中央アジアは１ヵ国も入っていない（この年の襲撃数、死者数、負傷者数のいずれもイラクが最悪）。また、２０１５年５月末までに「イスラム国」（ＩＳ）を支持、あるいはこれに忠誠を誓ったテロ組織は世界全体で35あるが、中央アジアからはゼロである。

政府の強固な支配体制と取り締まり

テロが総じて抑え込まれてきた背景には、大きく3つの要因があげられる。第一に、独立後の中央アジア諸国では、タジク人、ウズベク人、キルギス人など「民族」が政治的な対立軸になったことである。そのため、イスラムを政治的なスローガンに用いる場合も、民族としての利益が確保されるなら、グローバル・ジハード路線には与《くみ》しない。

たとえば、1990年に設立されたイスラム復興党はタジク人中心の組織で、1992年にはイスラム国家樹立を叫んで内戦に突入し、一度はタリバンと結んだ。しかし、1997年にはタジキスタン政府とのあいだで連立政権の樹立と和平に合意し、合法的なイスラム政党となった。イスラム復興党はイスラムの大義より、民族の絆《きずな》と国家の利益を優先させたといえる。

第二に、中央アジアの各国政府が、強固な支配を打ち立てていることである。ソ連崩壊にともなって独立した各国では、旧共産党系の幹部が権力をにぎりつづける構図が生まれた。旧共産党系の幹部は、各国の部族の長の家系と、通婚などで融合している。つまり、大統領を筆頭にする政府が、社会の末端にいたるまで、人的ネットワークを通じてカバーするピラミッド型の支配体制が樹立されているのである。

この強固な支配体制のもと、各国ではテロ組織が強権的に取り締まられており、たとえば先述のウズベキスタン・イスラム運動はウズベキスタン政府の鎮圧で勢力が衰えた。多くの国では、ロシアとの政治的・軍事的協力がこれを後押ししている。さらに、国家と社会が一体となった支配は、個々人を地域共同体の一員として行動させやすいため、そこから逸脱したテロリストの予備軍は生まれにくいといえる。

第三に、どの国でもスーフィーの影響を受けたムスリムが多数派であることである（❾参照）。政教一致を強調するワッハーブ派などと異なり、瞑想《めいそう》などの修行を通じて神との一体化をめざすスーフィーは、政治的な主張に結びつきにくい。そのうえ、中央アジアの各国政府はアラビア半島などからイスラム復興が流入することに警戒感を隠さず、逆に「国民的イスラム」を擁護《ようご》している。つまり、各国は「土着化したイスラム」を体制の一部に取り込むことで、急進的なイスラム思想の流入を制限しているのである。

経済不安が過激思想を普及させる

このように、中央アジアではイスラム過激派が活動を活発化させにくい環境があるといえる。ただし、懸念《けねん》材料もある。カザフスタンを中心に、この地域では天然ガス輸出が活発化してきた。それは経済成長をもたらした一方、インフレ率の向上や、農業中心の経済からの移行にともなう都市失業者の増加をももたらした。

ＩＳ戦闘員が帰国しはじめる（65参照）なか、２０１４年半ばからのエネルギー価格の下落（69参照）が、特に若年失業者の社会的不満を増幅させた場合、それはこれまで抑え込まれていた過激なイスラム思想を普及しやすくさせるとみられるのである。

67「周辺部」でイスラム過激派は台頭するか2　東南アジア

テロの発生件数の多い国フィリピンとタイ

東南アジアでは、湾岸戦争（38参照）をきっかけに中東・北アフリカでイスラム過激派の活動が活発化するのと連動して、イスラム国家の樹立を叫ぶ組織が相次いで結成された。1993年に設立されたインドネシアのジェマー・イスラミア（JI）や、1995年に設立されたマレーシアのクンプラン・ムジャヒディン・マレーシア（KMM）は、その代表格である。

JIやKMMの幹部には1979年のソ連侵攻に対抗してアフガニスタンに参集した（36参照）経験をもつ者が含まれ、これらはアルカイダによるグローバル・ジハードの一翼《いちよく》をになう組織でもある。2001年のアフガニスタン戦争を受けて、JIが翌2002年10月にバリ島で起こした、外国人観光客を含む202人の死者を出したナイトクラブ爆破事件は、その典型例である。

しかし、米国に支援されたインドネシア、マレーシア当局の鎮圧作戦が奏功して、JIやKMMのおもな幹部は殺害・投獄され、その勢力は弱体化している。また、アルカイダそのものが対テロ戦争で追い詰められたことは、JIやKMMの求心力の低下に拍車をかけたといえる。

ただし、それによって東南アジアでテロ活動が鎮静化したわけではない。2013年に米国務省が発表した、世界でもっともテロの発生件数が多い10ヵ国のうち、この地域からはフィリピンとタイがランクインした。また、２０１５年5月末までに「イスラム国」（ＩＳ）を支持、あるいはこれに忠誠を誓った35のテロ組織のうち、東南アジアのものは６つ含まれ、その５つまでがフィリピンのものである。つまり、近年ではカトリックが主流のフィリピンや仏教徒の国王を戴くタイなど、ムスリムが少数派の国でイスラム過激派の活動が目立つのである。

イスラム系少数民族の過激派3グループ

これらの国では、もともとイスラム系少数民族による、自治権の拡大や分離独立を求める民族運動があった。それらはいずれも民族主義的なトーンが強かったが、やはり１９７０年代半ば以降、イスラム国家の樹立をめざす組織がその主流となり、時期の違いはあっても、やはりアルカイダとの関係を構築するものも現れた。

フィリピン南部のバシラン州を拠点とするアブ・サヤフ・グループ（ＡＳＧ）、ミンダナオ島のモロ・イスラム解放戦線（ＭＩＬＦ）、タイ南部のパッタニ・イスラム・ムジャヒディン運動（ＧＭＩＰ）などは、その典型である。

しかし、この３つは最終的に別々の方向をたどることになった。

まずＡＳＧは、２０１４年6月に建国を宣言したＩＳにいち早く支持を表明した。ＡＳＧは１９９５年、爆弾製造拠点がフィリピン当局に発覚した不手際により、アルカイダから援助を絶たれていた。

さらに２０００年代のフィリピン当局の掃討《そうとう》作戦は、その弱体化を加速させた。それ以来ＡＳＧは外国人観光客の誘拐など、商業的な犯罪組織としての活動を増やしていたが、ＩＳからの協力が増えれば、より破壊的な活動が増えることが懸念される。

次にＭＩＬＦは、２００３年に強硬派の最高指導者サラマト・ハシムが死亡した後、完全な独立ではなく自治権の拡大に要求を切り替え、フィリピン政府との対話に臨《のぞ》みはじめた。その結果、２０１２年には和平が、２０１４年には自治区設置の構想が、相次いで合意にいたった。ＭＩＬＦとフィリピン政府の協議は、イスラム系少数民族を抱える各国にとっての一つのモデルケースを提供したといえる。

最後にタイ南部のパタニでは、１９９０年代にＧＭＩＰを含めて過激派組織が林立したが、タイ政府による鎮圧と、職業訓練をともなう特赦《とくしゃ》の「アメとムチ」で、その大部分は２０００年代までに求心力を低下させた。

ところが、パタニでは２０００年代半ば以降、警察署や仏教寺院への襲撃が連鎖反応的に発生しはじめた。しかも、それは単一の組織によるものではなく、素行のよい若者とみられていたムスリムが、ある日突然襲撃に加わるといったケースが多発している。そこにはグローバル・ジハードの色彩はほとんどなく、タイ社会そのものが攻撃対象になっている。

パタニのケースは、組織が衰退しても、民族対立を背景に、草の根のイスラム過激派が存続するケースを示すといえる。

68「周辺部」でイスラム過激派は台頭するか3　アフリカ

世界一の最貧地帯ゆえの危険性

イスラム世界の「周辺部」のうち、アフリカはイスラム過激派によるテロ活動の拡大が、もっとも懸念《けねん》される地域である。そこには大きく3つの要因があげられる。

第一に、アフリカは世界一の最貧地帯で、1日2ドル未満の所得水準の人は全人口9億人の約8割にのぼる。2000年代の資源ブームで海外からの投資が相次いだが、これは平均で10パーセント以上というインフレ率をもたらし、生活苦に拍車をかけている。

第二に、汚職の蔓延《まんえん》が不公正を際立たせるだけでなく、ヒトやモノの出入りの管理をルーズにしている。つまり、イスラム過激派や武器などが流入しやすいのである。

第三に、イスラム過激派に対する掃討作戦が効果をあげにくいことである。「失敗国家」（53参照）の典型ソマリアは言うにおよばず、兵員数でアフリカ屈指《くっし》のナイジェリアも、その例外ではない。2014年12月、「武器の不足」を理由にボコ・ハラム掃討作戦への参加を拒絶した54人のナイジェリア軍兵士は、これを象徴する。軍事法廷は彼らに死刑を宣告した。

これらの背景のもと、2013年に米国務省が発表した、世界でもっともテロの発生件数が多い10

ヵ国のうち、アフリカからはナイジェリアとソマリアがランクインした。また、2015年5月末までに「イスラム国」(IS)を支持あるいはこれに忠誠を誓ったのべ35組織のうち、アフリカのものは3つであるが、北アフリカを含めると12にのぼる。

ローカル組織によるテロ資金や人員の争奪戦

アフリカのローカルな組織は、外部からの支援によって拡大する傾向をみせている。その典型であるボコ・ハラムは、もともとナイジェリアの現体制を批判する組織だった(60参照)が、2011年頃からソマリアのアル・シャバーブやアルジェリアのイスラム・マグレブ諸国(北西アフリカ)のアルカイダ(AQIM)など、アルカイダ系組織から訓練や資金の支援を受けはじめた。ところが、2014年7月にIS支持を表明し、さらに2015年3月にはこれに忠誠を誓うと宣言した。つまり、これまでのアルカイダへの「義理」を捨て、時流に乗ってISに乗り換えたのである。

ISを支持あるいはこれに忠誠を誓った組織の多くがそうであるように、ボコ・ハラムの経済基盤は弱く、この乗り換えは考え方の相違というより、組織の拡大・発展のためのものとみられる。しかし、これによってアルカイダ系組織とのあいだに対立が生まれたことは確かである。

ただし、ISに乗り換えたのはボコ・ハラムだけではない。AQIMはもともと各派閥の内部抗争が激しかったが、2013年以降に内部分裂《ぶんれつ》が加速し、これから離脱したメンバーが「アルジェリアのカリフの兵士」を結成し、2014年9月にISに忠誠を誓った。このようにアフリカ大陸の主だったイスラム過激派組織がアルカイダ系とＩＳ系に分裂した状況は、資金や人員の争奪戦を激しくしている。つまり、人々の関心を集めるために、それぞれがより過激な活動に走る危険性が大きいのである。

経済大国ケニアはテロ組織の標的

この観点から注目されるのは、アル・シャバーブである。

アル・シャバーブはＩＳがバグダッド侵攻を宣言した２０１４年6月12日の5日後、ソマリアの隣国ケニア西部沿岸のムペケトニを襲撃し、キリスト教徒ばかり49人を殺害した。そのうえでケニアが「戦場」になったと宣言し、外国人に退去を求めた。さらに、ボコ・ハラムがＩＳへの忠誠を誓った約1ヵ月後の２０１５年4月2日、ケニア北東部ガリッサの大学が襲撃され、やはりキリスト教徒ばかり１４７人の学生が殺害された。

ケニアは欧米諸国とともにソマリア内戦の終結と新体制の樹立に向けた協力をおこなってきた。そのため、もともとアル・シャバーブからみれば「敵」だが、同時にケニアは東アフリカ一の経済大国で、日本人を含めて外国人も多く居住しており、ソマリアより世界中の眼が集まりやすい。その意味で、ケニアはアル・シャバーブから、ＩＳ系と競ってテロ活動をおこなう標的にされているといえる。

このようにアルカイダ系とＩＳ系の林立により、アフリカのテロ活動はより活発化するとみられるのである。

69 石油・天然ガスの価格下落がイスラム社会にもたらす影響

サウジ主導の原油価格引き下げ

中東における石油・天然ガス生産は、世界経済だけでなく、イスラム社会を取り巻く政治的な関係にとっても、無視できない影響をもつ。2014年11月27日、石油輸出国機構（OPEC）で一つの重要な決定がおこなわれた。加盟国の生産量を日産3000万バレルで維持《いじ》することが決議されたのである。

2003年頃から高騰《こうとう》していた原油価格は、この年の半ば頃から値崩れをはじめており、おもな原油価格の指標ウェスト・テキサス・インターミディエイトでみると、2014年7月に約102ドルだった原油価格は、2014年11月までに約75ドルにまで下落していた。OPECの決定は、原油の供給量を保つことで、単価の下落を後押ししたといえる。なぜOPECは、実質的に原油価格を引き下げる決定をおこなったのか。

OPEC内部には、ベネズエラなど価格を維持するために減産を主張する国もあったが、最終的にこれを押し切ったのはサウジアラビアだった。最大の産油国サウジアラビアは自国の生産量の調整で世界の原油価格に大きな影響力をもつため、スウィング・プロデューサーとも呼ばれる。

もともと２００３年以降の原油価格の高騰は、新興国などのエネルギー需要の上昇という実体のある要因だけでなく、世界的なカネ余りのもとで、さらなる高騰を見込んだ投資家の資金が流入するという金融的な要因によってもうながされた。いわば資金が過剰に集まった結果、原油価格は実体価値を超えた水準にいたったのである。

産油国にとっても、必要以上の原油高は、必ずしも望ましくない（34参照）。実際、価格が高騰するなか、サウジ政府は再三、世界のエネルギー需要をまかなうだけの原油が供給されていると強調していた。

それでも、このタイミングで他のＯＰＥＣ加盟国だけでなく、ロシアなどＯＰＥＣ非加盟の産油国の反対をも押し切って原油価格を下落させた背景には、サウジアラビアに自らの影響力を高める目的があったからにほかならない。

米国への協力と牽制の両面

原油価格の引き下げはサウジアラビア自身にとっても減収を意味するが、これと対立する勢力にとって、さらに大きな打撃となった。シリア内戦をめぐって、サウジはアサド政権を支持するイランやロシアと対立を深めてきた（50参照）。また、「イラクのアルカイダ」時代に支援した「イスラム国」（ＩＳ）には「手を噛《か》まれた」ため、２０１４年８月からイラクで、同年９月からシリアで、それぞれ米国主導の有志連合による空爆に参加してきた。イラン、ロシア、ＩＳはいずれも、石油・天然ガスをおもな収入源とする。すなわち、サウジアラビアが原油価格の下落を進めたことは、やはりこれらと対立する米国を側面から支援するものだったといえる。

しかし、その一方で原油価格の引き下げは、米国に対するサウジアラビアの影響力を担保する側面もあった。世界貿易機関の統計によると、米国の燃料輸入に占める中東の割合は、2001年に17・9パーセントだったが、2009年には13・7パーセントにまで減少していた。対テロ戦争がはじまるとともに、米国はアルカイダとサウジ政府の関係に疑念を抱き、さらに中東各国への影響力を高めるために、この地域へのエネルギー依存度を引き下げたのである。

その一方で、米国では2000年代後半から、深い地層の頁岩《けつがん》から抽出《ちゅうしゅつ》されるシェールオイルの生産が本格化した。急ピッチで進んだ開発により、2012年に国際エネルギー機関は「2017年までに米国がサウジアラビアを抜いて世界一の産油国になる」と予測した。これはサウジにとって強力な商売敵《がたき》の登場だけでなく、米国からの影響力が強まりうることをも意味した。

つまり、サウジ政府が原油価格の下落を進めたことには、生産コストの高いシェールオイルの生産を停滞させ、ひいてはエネルギー分野における米国の中東依存を保たせる側面があったといえる。

こうしてみたとき、サウジアラビアの決定は、一方では安全保障面で米国に協力しながらも、他方で米国のエネルギー面での独立を妨害するものでもあった。これにより、中東における米国の独走は回避された一方、イスラム社会をめぐる複雑な関係が維持されたといえる。

70 イスラム社会の影響力は強まるか

2050年、ムスリム人口は27億人！

21世紀に入り、エネルギー問題（69参照）ともあいまって、イスラム社会の国際的な影響力は増加の一途《いっと》をたどっており、それは今後さらに強まるとみられる。イスラム社会の規模の拡大と、結びつきの強まりは、それを象徴する。

まず、規模の拡大からみていこう。イスラムでは多産が豊穣《ほうじょう》のシンボルであり、産児制限が基本的に認められない。そのうえ、ペルシャ湾岸諸国などをのぞけば、イスラム圏の多くは貧困層が多い開発途上国である。一般的に貧困であるほど、多産傾向は強い。そのため、ピュー・リサーチ・センターの予測によると、2050年までにムスリム人口は約27億人に増加し、カトリック信者の約29億人に迫るとみられている。その場合、ムスリムは地球人口の29・7パーセントを占めると推計される。

人口増加に加えて、移民の増加にともない、欧米諸国をはじめ、従来ムスリム人口が少なかった地域でも、イスラム社会の広がりは確認されている。イスラム諸国がメンバーのイスラム協力機構（37参照）に、南米のガイアナやスリナムが加盟していることは、その象徴である。

さらに、イスラム社会の規模の拡大は、貧困によってもうながされている。グローバル市場経済のもと、各国では競争が激化し、他方で「小さな政府」を求める国際的圧力により、国家による救済は容易に増えない。グローバル経済の中心地である米国で、1990年代末からキリスト教会の影響力が増してきたことに象徴されるように、市場や国家から見放された人々を救済するものとして、地域共同体とともに宗教組織の役割は増加している。

とりわけ貧者救済など社会的な側面が大きいイスラムが、アフリカなどの貧困地帯で急速に普及が進むことは、偶然ではない。サウジアラビアなど富裕な産油国は、その資金源として大きな影響力をもつにいたっている。

ムスリムが結束する機会は増える

こうした規模の拡大に比例するように、イスラム社会が結束を強める兆候も確認される。それは特に外部に対して顕著《けんちょ》である。

2015年1月のフランスの新聞社シャルリ・エブドの襲撃事件後、欧米諸国では「表現の自由」を盾《たて》にムハンマドの風刺画を描くことを擁護する論調が広がった。これに対して、世界各地のイスラム諸国で大規模な抗議デモが発生し、イスラム協力機構はムハンマドの風刺画を規制する法的措置について検討していると異例の発表をした。

イスラム復興がつづくなか、ムスリムとしての自覚を強くもつ人は増えつづけている。情報通信技術の発達で海外の情報が入手しやすくなったことや、ヒトの往来の増加によってアラビア半島で学んだイスラム法学者が各地に渡る機会が増えていること、さらにサウジアラビアなどが意識的に布教を進めていることなどが、これを加速させている。これらの条件のもと、とりわけ外部からの否定的な言動に対して、イスラム社会が結束する機会は今後ますます増えるものとみられる。

イスラム内部の対立は残ったまま

ただし、一般的に人間の集団は外部の他者に対して結束しやすいが、それは必ずしも内部が一枚岩であることと同義でない。イスラム社会も同様で、外部の非ムスリムに対して結束を強めたとしても、それは内部での対立や摩擦《まさつ》が解消されることを意味しない。

イスラム社会には、スンニ派とシーア派といった宗派間の対立のみならず、世俗派とイスラム主義者（63参照）、「正しいイスラム」と「土着化されたイスラム」（9参照）、さらに国家間の対立などが入り乱れている。接触頻度《ひんど》が高まり、ヒトや情報の往来がさかんになるほど、イスラム社会内部の差異は明らかにならざるをえない。

こうしてみたとき、外部に対するイスラム社会の影響力が増すことは確かとしても、それはイスラム社会が単一の主体になることを意味しない。むしろ、イスラム主義者を中心に、国境を超えた「ムスリム」としての意識が強まるほど、既存の国家による自己防衛本能はより強く作用するとみられる。したがって、将来的にグローバルな存在感をさらに増すであろうイスラム社会の動向をみる場合、その一体性と分裂性の双方に注意を払う必要があるといえる。

71 ロシアのシリア空爆参加でグローバル・ジハード激化

ロシア空爆の背景

2015年9月30日、ロシアは「ISなど反体制派を攻撃するために」シリアでの空爆を開始し、そのうえで、2014年9月からシリアで空爆を開始し、さらに世俗派の反アサド勢力（50参照）を支援してきた米国に退去を求めた。これに対して米国政府は、「事態をさらに混乱させる」と警戒を強めた。

2014年のクリミア半島編入など、中東・北アフリカ以外でもロシアと欧米の対立は顕著である。ISという「共通の敵」があるとはいえ、シリアでも米ロの利害は一致しないところが大きい。ロシアが一貫してアサド政権を支持してきたのに対して、欧米諸国や湾岸諸国はアサド退陣がシリア内戦を終結に導くと主張し、世俗的な反体制派を支援してきた。そのため、ISの封じ込めとお互いの直接対決を避けること以外に、米ロ共通の利益はほとんどない。

この背景のもと、IS建国から1年以上たったタイミングでロシアが空爆に踏み切ったことには、いくつかの直接的な契機があった。

（1）2015年8月末以降、トルコ、英国、オーストラリアが加わり、有志連合によるシリア空爆

が増強されはじめたこと
（２）同年９月の米国議会の公聴会で、米軍が訓練した世俗的な反体制派のほとんどが戦闘に加わっていないことが発覚したこと
（３）ＥＵへのシリア難民の大量流入（72参照）で、その根本原因であるシリア内戦を早期に終結させるべきという考えが欧米諸国で強まったこと

このように米国主導のＩＳ対策が必ずしも期待どおりの成果をあげていないことが明らかになるにつれ、シリアでの地上戦においてアサド政権との関係改善が欠かせないという意見が西側内部で目立ちはじめた。この動揺が、プーチン大統領にアクセルを踏ませたとみられる。

米ロ対立の激化？

ただし、ロシアのおもな目的がアサド政権の存続にある以上、その攻撃対象はＩＳだけでない。シリアでの作戦でロシア軍は航空機だけでなく巡航ミサイルまで用いているが、米国政府によると、その標的の９割はＩＳ以外の反体制派である。

ＩＳ対策という「錦の御旗」を掲げて乗り込むことで、ロシアはシリア軍との協力のもとにＩＳ以外の反体制派をも掃討し、その既成事実をもってアサド政権による統治を回復させ、ひいては中東における足場の確保をはかっているといえる。その方針は、シリア内戦の責任という名目で、もともと対立していたアサド政権に退陣を迫った欧米諸国の対応を裏返しにしたものでもある。

ISが共通の脅威であるにせよ、むしろその対応のなかで目的や主導権をめぐる争いが激しくなることを、シリアをめぐる米ロ対立は示すのである。

とはいえ、空爆はISによるロシア攻撃を激化させる契機になる。アルカイダ系のヌスラ戦線も、全世界のムスリムにロシアへの抵抗を呼びかけている。2015年10月、エジプト東部でロシア旅客機が墜落し、乗員乗客全員が亡くなる事件も起こり、イスラム過激派の関与かとみられている。

これらを鑑《かんが》みれば、ロシアによる空爆が少なくともイスラム過激派によるグローバル・ジハードを過熱させる一因となりえるだろう。

72 難民問題という新たな火種

難民140万人を受け入れていたトルコ

2015年の夏、地中海を渡ろうとしていた少年の水死が大々的に報じられたことをきっかけに、シリア難民が国際的な関心を集めた。しかし、シリア難民は2015年に突然発生したものではない。内戦がはじまる以前の2010年段階で、シリアは周辺国から100万人以上の難民を受け入れていたが、2011年に内戦が本格化するなか、世界でもっとも難民を流出させる国になったのである。

ただし、その大部分がヨーロッパに押し寄せているわけでもない。UNHCR(国連難民高等弁務官事務所）の統計によると、２０１４年までにシリアを逃れた難民は約３８８万人にのぼるが、２０１１年４月から２０１５年９月までにヨーロッパに逃れたのは約51万人であった。つまり、ヨーロッパに多くのシリア難民が流入したことは確かだが、それを上回る人数がトルコ、レバノン、ヨルダンなど近隣諸国で保護されているのであり、このうちトルコは２０１４年段階で１４０万人以上を受け入れていた。

これら各国は難民保護の負担の大きさを訴えていたが、ヨーロッパへの大量流入以前、それが大きな関心を集めなかったところに、「国際世論」のバイアスを見出すことができる。

難民問題の波紋

ともあれ、シリア難民の大量流入はヨーロッパ諸国にとっても新たな火種になった。

（１）シリア人以外の就労を目的とする者がまぎれていること
（２）流入した難民にヨーロッパのイスラム過激派がアプローチしはじめたこと
（３）極右政党の台頭もあって、外国人の流入そのものが政治問題になりやすいこと
（４）ヨーロッパ諸国は従来多くの難民を受け入れてきたが、経済が回復途上にあるなかで負担が大きいこと
（５）そのため、ＥＵ内部で「公平な分担」をめぐる対立が大きくなったこと、などである。

のみならず、難民流入は「シリア内戦へのそれまでの対応に問題があった」という認識を欧米諸国

全体に広げる契機となった。その結果、シリア内戦とのかかわりを見直す動きも生まれた。

たとえば2015年10月のカナダ総選挙では、難民の積極的な受け入れを主張した自由党が勝利し、さらにジャスティン・トルドー党首は選挙公約にしたがって、誤爆などの問題が目立つシリア空爆から撤退し、その代わりにクルド人勢力の訓練に力を注ぐことを表明した。

その一方で、これと対照的に、同年9月にフランスは、難民流入を契機に、それまで「アサド政権を利する」として消極的だったシリアでのＩＳ空爆に踏み切った。

このような足並みの乱れと、「米国主導の有志連合によるＩＳ対策の限界」の認識が広がったことは、ロシアによるシリア空爆を招く一因になったといえる。そして、当事者たちのあいだに不満と混乱が広がる状況は、必ずしも希望どおりの処遇を受けられないことともあいまって、難民のあいだにテロリスト予備軍を増やす危険を大きくするとみられるのである。

73 イスラム諸国と日本の関係はどうなるか

米国と足並みをそろえる日本

「欧米諸国と違って日本はイスラム世界で手を汚したことはないから、イスラム諸国は親日的」とは、政府や一部の言論人からよく聞く意見である。はたして、イスラム諸国は日本に好意的なのか。

20世紀のある時期まで、イスラム世界が日本に強い関心を示したことは確かである。特に開国から半世紀あまりの日本が日露戦争（1904）に勝利したことは、やはり「西洋の衝撃」、とりわけロシア帝国からの脅威《きょうい》に直面していたオスマン帝国にとって、驚嘆《きょうたん》すべき事柄だった。

さらに第二次世界大戦後の日本が、驚異的な復興を成し遂げたことも、賞賛の対象だった。そのなかで、1981年に「ルック・イースト」を掲げ、その後のマレーシアの経済成長をリードしたマハティール・ビン・モハマド首相（当時）のように、自由貿易をある程度制限しながら、政府が民間企業を主導して経済成長を実現した日本を、欧米諸国より見習う対象ととらえる指導者も現れた。歴史的に欧米諸国と深い確執を抱えるイスラム圏にとって、日本は「西洋と異なる成長モデル」としての魅力を持っていたといえる。

ただし、戦後日本の米国と足並みをそろえる外交方針が、イスラム圏の期待と異なる部分があることもまた確かである。イスラム諸国のほとんどが反対するなか、米国主導で強行されたイラク戦争（49参照）を日本政府が支持したことは、その典型である。また、イスラム社会内部で評価が割れる問題であっても、日本政府が米国と足並みをそろえることを優先させることはめずらしくない。

たとえば、2013年7月のエジプトでのクーデタ（22参照）をサウジアラビアなどは黙認したが、トルコやカタールはこれを非難した。そのなかで日本政府は米国政府に倣《なら》い、これを「クーデタ」と認定しなかった。

中立的な立場では「味方」にはならない

もちろん、日本はつねに米国との関係を最優先にするわけでなく、ときに独自の方針をとることもある。しかし、その場合も往々にしてグレーな立場を維持しがちである。

１９７３年の石油危機でアラブ諸国がイスラエル支援国に対する禁輸措置を発表した（34参照）ことに対して、米国はあくまでイスラエル支持を堅持《けんじ》したが、日本は「国連決議にもとづく公正な解決」を求めた。ただし、日本政府が言及した国連安保理決議２４２号では、第三次中東戦争後のパレスチナにおけるイスラエルの占領地に関する解釈の余地が分かれていた。つまり、撤退の対象がアラブ側の意向である「全占領地」なのか、イスラエルを支援する米国の意向である「必ずしも全占領地でない」のかが、どちらとも読める書き方になっていたのである。

そのため、「国連決議にもとづく解決」だけで禁輸対象から解除されなかった日本は、その後あらためて「全占領地からの撤退」をイスラエルに求める声明を出さざるをえなくなったのである。

これに象徴されるように、日本政府はパレスチナ問題への深入りを避け、中立的な立場を求めてきたといえる。しかし、それは少なくともイスラム社会からみれば、「敵」ではないが「味方」にもならないことを意味する。

３・11後、ガスの売価は他国の数倍に

２０１１年３月11日の東日本大震災後、世界中の多くの国と同様、サウジアラビアをはじめイスラ

ム諸国からも日本に義援金が寄せられた。その一方で、国内の原子力発電所が停止し、火力発電所がフル稼働するなか、天然ガスの需要が増加した日本に対して、その足元をみるように、イスラム諸国を含む産油国は他国の数倍にあたる値段でこれを売却するようになった。

「ジャパン・プレミアム」と呼ばれた割高な天然ガスの価格設定は、いわば経済合理的な判断だが、少なくとも「イスラム諸国は親日的」という説では説明できない。

つまり、日本とイスラム諸国は総じて相互にトラブルが少なく、明白に敵対しないものの、必ずしも相手の利益や期待に適《かな》うように行動してきたわけではない。したがって、国によって差はあるにせよ、「イスラム諸国から好意的にみられている」とは期待値が高すぎる自己評価といえる。

相手国政府との友好維持だけでは足りない

ただし、それは各国政府とのみ友好的であればよいという意味ではない。

日本外交には「内政不干渉」の原則を重視し、他国の政治や文化に口を出さない傾向が強い。冷戦終結後、欧米諸国が多くの国に民主化や女性の権利をはじめ人権保護を求めてきたこととは、対照的である。たとえば、一方的にイラク戦争をはじめたことは米国の汚点だが、他方でその後のシーア派に偏重したイラク政府に、宗派間の融和をめざすべきと米国が再三勧告した（51参照）ことも、無視すべきでない。

一方、日本は2005年から2013年までのあいだ、イラクに対して、米国の約288億ドルに次ぐ約85億ドルの援助を提供したが、その内政に関して語ることはなかった。相手国の主権を最大限に尊重する立場は、摩擦《まさつ》や軋轢《あつれき》を回避する一方、不公正の是正《ぜせい》に積極的に関与しないことをも意味する。

イスラム諸国内部や国際的な不公正がテロの温床《おんしょう》だとすれば、それを是正することは、長期的にイスラム過激派を抑制するうえで欠かせない。

のみならず、日本の外交方針は相手国政府のみを視野に入れたものになりやすいが、過激派はさておき、イスラム主義者や一般ムスリムの多くが自国の政府を支持しているとは限らない。「アラブの春」（**41**参照）のなかで政府が打倒されたエジプトとリビアで、それぞれ幅広い国民から不興を買っていた旧体制とのみ友好関係を維持し、さらに突出した存在感を示していた米国と中国への反発が噴出したことは、いずれの国にとっても他山の石とすべき教訓となった。

いい換えると、日本人がイスラム社会を知るとともに、日本をイスラム諸国の政府やエリート層以外の一般市民にも知ってもらう営為《えいい》がなければ、大事が発生してから「日本はイスラムの敵ではない」と強調することのくり返しとなるだろう。

もちろん、欧米諸国のようにあらゆることに口出しすることは対立を過熱させやすい。だが、単純に主権を尊重することは、政府間の関係のみを外交ととらえるという意味で、古典的に過ぎるといえる。将来のイスラム社会との向き合い方は、日本自身を振り返ること抜きにはありえないのである。

著者略歴

一九七二年、大阪府に生まれる。横浜市立大学文理学部卒業、日本大学大学院国際関係研究科博士後期課程単位取得満期退学。新進気鋭の国際政治学者。横浜市立大学、明治学院大学、拓殖大学、東京女子大学などで国際政治学、国際協力論、アフリカ研究などの講師を務める。

著書には『世界の独裁者――現代最凶の20人』（幻冬舎新書）、『対立からわかる！　最新世界情勢』（成美堂出版）、共編著には『21世紀の中東・アフリカ世界』『グローバリゼーションの危機管理論』『地球型社会の危機』『国家のゆくえ』（以上、芦書房）などがある。他に論文多数。

「Yahoo!ニュース個人」「BLOGOS」オーサー。

イスラム　敵《てき》の論理《ろんり》　味方《みかた》の理由《りゆう》

――これからどうなる73の問題《もんだい》

二〇一五年一二月七日　第一刷発行

著者　六辻彰二《むつじしょうじ》

発行者　古屋信吾

発行所　株式会社さくら舎　http://www.sakurasha.com
東京都千代田区富士見一-二-一一　〒一〇二-〇〇七一
電話　営業　〇三-五二一一-六五三三　FAX　〇三-五二一一-六四八一
編集　〇三-五二一一-六四八〇　振替　〇〇一九〇-八-四〇二〇六〇

装丁　アルビレオ

写真　Islamic State/Visual Press Agency/アフロ

印刷・製本　中央精版印刷株式会社

ISBN978-4-86581-035-6